湛庐CHEERS

与最聪明的人共同进化

HERE COMES EVERYBODY

The Responsive City

数据驱动的智能城市

[美] 史蒂芬·戈德史密斯（Stephen Goldsmith）
苏珊·克劳福德（Susan Crawford） 著

车品觉 译

未来城市，数据驱动的智能城市

车品觉
阿里巴巴集团前副总裁
红杉资本中国基金专家合伙人

VS

史蒂芬·戈德史密斯
纽约市前副市长
哈佛大学教授

美国纽约市前市长迈克尔·布隆伯格（Michael Bloomberg）说："改进城市的运作方式是改善全球数以亿计人口生活的最好途径。现今，全球大多数人口居住在城市，这是人类历史上前所未有的现象，预计到2050年，全球75%的人口都将居住在城市。随着更多的人迁移至城市，城市将会面临越来越多的挑战，随之而来的解决方案也将不断涌现。"

布隆伯格还认为："技术革命的核心是不断提高我们利用数据改善政府服务的能力。政府开始越来越多地分析和使用这些数以亿计的数据，以改善应急响应、教育、交通等各个方面的服务能力。"

"我的经验法则是，如果你无法衡量数据，就无法管理它。从私营部门到纽约市政厅，我一直秉持着这一观点。纽约市政府正在寻求收集更多数据，并致力于利用数据更好地服务纽约市民。"

在偶然的机会下，我因为负责翻译《数据驱动的智能城市》这本书，有幸拜访了本书作者，也就是备受布隆伯格推崇的纽约市前副市长史蒂芬·戈德史密斯。戈德史密斯曾为纽约市建立了第一个市长数据办公室，致力于让纽约市成为一个以数据为驱动的智能城市。纽约市成为世界智能城市之典范，戈德史密斯功不可没。以下是这次的访问内容。

如何用数据治理城市

车品觉：您是从什么时候开始关注用数据治理城市的？

戈德史密斯：谢谢您提的问题。我是从当纽约市副市长时开始研究数据分析在城市规划方面的运用的。我们和布隆伯格一起规划的这个项目，是为了了解如何用数据识别和预测问题，检测异常，并在问题变得严重之前解决它。这始终是我们的目标。随着时间变化的是技术和解决问题的方法。技术的更新是日新月异的，我们现在拥有非常先进的数据分析工具和 AR 应用，可以更好地读取结构化和非结构化数据，并挖掘数据，而且更为重要的是，城市开始成为一个平台。那么，如何建立一个平台来收集各种数据，比如物联网上的大量数据、每个市民产生的数据、公共场所产生的数据。然后如何去分析数据，如何去解决问题。所以我认为在数据治理方面，这几年的变化是，从一开始想用数据去解决政府内部的问题到把这种解决问题的能力变成一个平台，并且定制化，以满足市民的需求。

车品觉：所以，这需要做很多数据整合的工作，从政府内部的数据到市民产生的数据，而且还有很多其他的数据，比如 Uber 上的海量数据、物联网中很多感应装置上的数据。当您整合这些数据时，有没有遇到什么困难？

戈德史密斯：当然有，一些是技术上的难点，但我不觉得这是个问题。最大的问题在于政府，原因有两点：第一点，政府是由各个机构组成的，但市民不在机构里生活，而是生活在城市的不同地方。用我们的术语来说就是，政府是纵向管理，而市民是横向地居住在各处。当我们在治理城市时，需要给一些人或者机构授权去运营数据分析中心，把数据整合起来，建立一个既规范又能保证数据安全和隐私的中心。所以，如何建立这样的中心是一个难点。第二点，政府官员缺乏与数据"沟通"的经验，他们经常是与人沟通的。所以我认为，最大的挑战在政府本身。

车品觉：那你们是如何克服这个困难的？能给我们分享一些经验吗？

戈德史密斯：首先，纽约市市长十分关注数据在城市治理方面的应用，这是一个非常好的起点，作为管理运营的副市长，我也非常关心这方面的问题，我们有很多指标需要衡量。之后，我们在政府中设立了一个非常高层面的数据分析中心，这个中心不仅负责衡量指标，而且要提前发现问题并及时解决。这是第一步。第二步，数据分析中心的出发点不是研究数据，而是研究如何解决实际问题，这两者有非常大的区别。我们找到很多市政工作人员，让他们来做这个很大的数据项目。他们虽然口头上说这个项目很好，但实际上都推辞不想做，因为他们无法理解为什么要做。之后，我请了 5 位年轻的同事来市政厅帮我，他们的工作是每天去拜访内阁秘书长委员会，问委员会如果解决三个问题就可以最大程度地改善部门的工作，那么这些问题是什么。我们提出问题，然后解决问题。简单来说就是，政府可以产生和收集数据，然后通过提出更好的问题来对市民的需求做出更好的响应，因为政策和技术已经有了，需要的只是回答问题。

车品觉：在担任纽约市副市长时，您的职责是提出这些问题吗？

戈德史密斯：我的职责是鼓励那些高级官员从不同的角度思考问

题。比如在安置无家可归的人这个问题上，建立收容所并不是问题所在，而是如何避免或者减少无家可归的人。如果你是医院的管理者，如何衡量医院的性能指标，这个和医院本身没有关系，而是与公众的健康有关。我希望高级官员们可以持续地提出问题，或许他们部门的解决方案也适用于其他部门。所以高级官员应该做这些事情。

车品觉：当出现一些文化上的变革时，该怎么做呢？

戈德史密斯：这是一个很好的问题。北京市和纽约市都是政府治理比较有成效的地方。像每天收垃圾、清扫大街这样的事情已经成为一种常规了，每天做的事情都一样。但很少有人负责让这些事情更有效地完成，成本变得更低，让市民对政府更有信心。这种文化变革上的挑战来自每天都做这些事的人，你需要通过数据启示他们，其实他们的工作没有想象的那么好。

车品觉：所以我们可以说，这是政府内部的一个小试验田，一些人用数据解决了一些问题，然后其他人看到了就会效仿。

戈德史密斯：的确是这样。在开始这个流程之后，我们每个月都会开例会，每个部门的首席运营官都会参与，他们主要来自交管、警察等部门。每个月会有 2~3 个部门给大家介绍他们运用数据解决一些非常重要的问题的经验，这可以激发大家的兴趣。最近，旧金山正在建立数据学院，用来给一些中高级的政府官员做数据培训，培训内容不仅包括数据科学，还包括如何让数据可视化，如何获取数据。所以，深度的数据理解能力、高层的授权以及大量的相关需求就带来了文化上的改变。不过，人们还是需要做一些和往常一样的常规工作，因为我们需要一些弹性以应对改变带来的风险。但是，如果你可以证明，自己的部门在数据问题上花的时间取得了很好的效果，大家会更有信心。

车品觉：我担任阿里巴巴集团数据部门的副总裁时，建议 CEO 建立一个数据仪表盘（dashboard）。CEO 看了之后会向高级员工提一些问题。所以在这之后所有的高级员工都来找我说，无论我给 CEO 看了什么，也让他们看看。那么，您怎么看数据仪表盘在政府或者智能城市中的应用呢？

戈德史密斯：数据仪表盘是很有用的，可以从很多角度去看这个问题。第一，市长怎么看，因为他要通过数据仪表盘去管理工作。第二，每个层级的管理者怎么看自己的数据仪表盘，因为他们希望它可以展现问题的各个方面。举例来说，管理交通的总监有 10 个街区的信息，如果他具备相应的能力，就可以看到居民的需求以及处理问题的速度。第三，你想让居民看到什么，他们可以从中获得多少社区的信息。很多官员并不是很希望有这样的可视度或透明度，因为他们担心会降低或者无法达到居民的满意度。但结果就是，如果可以给数据仪表盘定一个合理的预期，比如我们需要一周时间去换路灯，那就可以在 6 天内完成。所以，社区的数据仪表盘是很有用的，你的建议很好。

车品觉：当我们给北京市市长展示数据仪表盘时，他问如何使数据仪表盘变得可执行，我希望能有一个可执行的数据仪表盘。您是怎么理解“可执行”的呢？

戈德史密斯：这是个很好的问题，衡量一个你无法改变的东西其实没什么用处。你希望可以衡量一些只要有资源、努力和创造力投入时就可以解决的问题，比如，数据仪表盘能够显示出修理好某个街区的路所需要的时间，比如，北部需要一天，南部需要两天，西部需要三天，东部需要四天。所以，当市长看到这些数字时就会问：“为什么你做这件事情的时间是你同事的三倍，告诉我发生了什么。”所以我的意见是，数据仪表盘对那些可以被改变的问题是非常有帮助的。

车品觉：在来您这里之前，我走访了一些做智能城市研究的高校和机构，然后遇到了一些困惑。我发现做这项研究的有两批人，一批是做城市规划的，另外一批是数据科学家，他们的工作差异最后成了艺术和科学之间的区别。您是怎么看这两批人的工作的呢？

戈德史密斯：现在做规划和以前是大不相同的。我们可以用传感器去了解，每分钟有多少行人穿过某个地方，都用了多少时间。我们可以利用 AR 预测建筑对街道光线的影响，可以用一些数字化手段模拟城市未来的模样。规划的确更偏向艺术，但这个艺术是由数据形成的。而且，拥有大量数据有助于更有效地规划城市。像在北京或者纽约这样的城市，你可以预测某个区域里的某个楼房的建造对周围交通和空气的影响，还可以利用数据模拟人们驾驶的速度以及测量绿化的情况。在城市规划方面，数据的作用还有很大的发挥空间。数据科学可以让我们找到更好的方案以提供公共服务或者找到城市问题的根源。比如在纽约或者北京的 A 区人们患有严重的哮喘，通过查看空气质量的数据，我们就可以了解这个区域发生了什么。所以，数据科学可以帮助我们找到问题的根源，然后对症下药，尤其是当政府只看到一些表象的时候。

车品觉：您是否相信，当我们拥有足够多的数据时，数据就会告诉我们城市发生了什么，即便我不懂什么城市规划，但仅从数据层面就可以了解？

戈德史密斯：当然，当你有足够多的数据时，就可以从其中看到一些真实的模式，比如交通情况、空气质量、建筑质量等方面的数据，然后基于这些数据做决定，而且可以实时监控这一趋势，看它是如何变化的。

车品觉：但这也许会让我们丧失一些创造力，对吗？

戈德史密斯：当然，仅仅依靠数据是不够的。我们的目标不是让政府像机器人一样运营，而是通过一些有用的信息和新的决策工具来更好地做决定。

如何定义智能城市

车品觉：让我们回到最初的问题上，您如何定义智能城市中的“智能”？

戈德史密斯：其实这当中并没有什么定义，我认为的“智能”是一个群体性行为，也就是你如何用数据解决问题，你从物联网传感器中获得了什么信息，如何做预测分析，如何通过数据驱动让工作变得更有效率，如何利用社交工具去聆听市民的想法，如何利用智能工具识别危机并解决它，如何利用智能工具重组工作流程、确认哪一幢建筑需要检测以及哪个餐馆需要做安全卫生检查。对我来说，真正的智能城市是将数据应用到各个层面中。在早期，我们有电子化政府（E-Government），并认为它会代替政府，但现在三四年过去了，这种情况并没有发生。实际上，电子化政府是政府工作的一部分，它的宗旨和智能城市是一样的：城市每个方面的问题都可以利用数据来解决。

车品觉：我是不是可以这样理解：智能代表我们可以把事情做得更好，更有效率，这是一个相对于过去的状态，意味着明年的我们比今年的我们更聪明了，即便我们现在关注的还止于技术本身的应用。我这么说对吗？

戈德史密斯：是的，是变成一个更聪明、响应能力更强的智能城市。

车品觉：这也是我翻译《数据驱动的智能城市》这本书的原因。虽然很多人在讨论数据驱动，但数据驱动并不是执行。我们响应才是一种执行，我们希望城市可以更好地响应市民的需求，就如同一家公司可以更好地回应客户的需求一样。

戈德史密斯：没错。为什么政府不能像阿里巴巴或者亚马逊一样回应客户的需求？为什么政府不可以提供定制化服务，不能在市民提出问题之前就解决它们呢？实现这些目标都是有可能的，政府应专注在如何提高响应能力上。

车品觉：最近，中国的很多城市正在建设智能城市，比如北京、上海和海口，但就算是北京这样的大城市也才刚开始。在开始建设智能城市之前，您能否提供一些建议？需要注意什么？

戈德史密斯：可以从几个方面回答你的问题。第一，他们要想清楚，建设智能城市的数字基础设施的蓝图是什么，比如无人驾驶、智慧街道、传感器以及高速网络覆盖的范围等方面的情况，他们的路线图和资金规划是怎么样的。第二，他们到底想解决哪些问题。什么样的问题可以通过数据来解决，在识别出这些重要问题后，再通过数据分析找到通用的解决之道。

车品觉：中国的很多城市在建设智能城市时，提及次数最多的三个目标是：第一，让政府的工作变得更有效率；第二，让居民的生活变得更为便利，比如在交通、就业等方面；第三，让数据经济贯穿到整个城市之中。这也是我常被问到的三个目标，您是如何看待它们的呢？

戈德史密斯：我认为，我们应该有意识地去改变政府工作的方式，你说的这些目标不会在一夜之间就成为现实，尤其是中国很多城市的情况很复杂。若想实现这些目标，还需要制订一个非常详细的计划，从建立数据基础设施到对人员的培训以及促进员工的融入等。这些计划会不断地发生改变，因为技术的革新速度太快了，但必须有人负责创新，变革管理从而让新的工具被广泛使用。

车品觉：在建设智能城市这个问题上，有人说政府既是裁判又是玩家，那么如何平衡这两个角色呢？

戈德史密斯：我想中美的情况应该差不多。在美国，大部分的数据工作都属于当地政府，国家相信当地政府的数据，而当地政府有义务保护居民数据的隐私、安全，明确使用的权限。但这很难做到平衡，因为政府运营的数据越多，知道的真相也就会越多。我和布隆伯格工作时，他就告诉我：忘记你所认为的事实，你应该把这些公开，公关部门的人会告诉你哪些信息需要保留，哪些信息可以用来分析，哪些信息需要匿名。但政客也会因此而争论，所以在这个问题上没有确定的答案。

数据治理的未来趋势是什么

车品觉：我看到您有一本讲述社会创新的书，社会群体将会是除了公司和政府之外的另一个广泛使用数据的群体。您认为这会是未来社会的一个趋势吗？

戈德史密斯：是的，的确有非常多的营利性和非营利性组织在提供社会公共服务，所以它们可以收集到很多城市的数据，那么政府就有责任去制定一些法规来确定使用数据的规范，即便是跟合作伙伴之间的合作也不能掉以轻心。

车品觉：那这些法规正在施行中吗？

戈德史密斯：是的，有些城市做得比较好，比如西雅图和纽约，而有些城市则稍微差一点儿。

车品觉：在利用数据实现社会创新方面，您有经验可以分享一下吗？

戈德史密斯：社会团体里的有些问题仍需特别重视。在美国，有许多的公共服务是非营利性组织提供的，而在创新方面，有些组织发展得比较慢。在很多情况下，政府也是这些组织的资助方，需要帮它们做很多日常报告，确定衡量指标，之后会组织一个创新实践团队或者提供一家创新风险投资机构，帮助它们更深层次地思考它们能做什么。最终结果还是以取得的成果来衡量，比如多少人获得了工作机会，多少人获得了工作培训机会。

车品觉：关于数据在社会团体、公司和政府之间的连接，谁可以来做中间的协调工作呢？

戈德史密斯：我认为，没有人可以做这个工作，政府可以创立一个平台，也可以设立法规来协调。因为所有数据都可以在个人层面、营利性组织或者非营利性组织之间聚集，这就需要设立一个法规，来规定谁在什么情况下可以接触到哪些数据。

车品觉：您是法律专业出身，刚才所说的数据连接涉及很多法律问题。数据连接不是简单的个人数据的集合，做这方面的工作是不是会面临很多困难？

戈德史密斯：的确如此。一些匿名数据的获取是很容易的，比如行人在路上移动的数据。如果我想减少行人发生车祸的概率，那么就需要用到某个地区的移动数据，当你将用户匿名后仍旧可以使用他们的相关数据解决问题，你还可以通过加密来保护这些数据。但如果我们面对的是问题儿童的问题，当社工必须进入家庭帮助儿童时，共享越多的数据就越有利于社工帮助这些儿童。这样的数据是不可以匿名的，但都是非常私人的数据，谁在什么样的条件下可以看到这些数据就成了一个复杂的问题。

车品觉：有什么方法可以解决这个问题？

戈德史密斯：这是一个基于法律的问题，比如法律规定只有这位社工可以了解相关信息，而其他人都不可以。

车品觉：城市或者政府准备好应对这种情况了吗？

戈德史密斯： 美国政府由于担心数据的滥用而设立了一些非常严格的数据共享条例，但同时又有很多问题儿童确实从数据共享中受益，所以确实需要找到一些更好的解决方法。

车品觉：《数据驱动的智能城市》这本书出版已经有一段时间了，您有什么新的进展想分享给读者的吗？

戈德史密斯： 首先感谢大家对智能城市的关注，《数据驱动的智能城市》是我在离任纽约市副市长职位之后开始写的，主要讲述了如何用数据提高城市对公共服务的响应质量和速度。在这几年当中，科技的发展日新月异，我们有能力更有效地挖掘数据，可以把数据传送到在工地上工作的人那里，可以通过社交媒体来了解社会的焦点和担忧的地方。这样一来，政府便可以给每个人提供定制化服务，可以保护和了解物联网传感器上更多的数据，所有这些都会比过去更好。所以，现在是过去的一个世纪中最好的时期，政府决策者们可以极大地提高政府和城市的响应能力。

作者史蒂芬·戈德史密斯（左）和车品觉（右）合影留念

共建数据驱动的文化环境

邬贺铨
中国工程院院士

《数据驱动的智能城市》一书的主要作者史蒂芬·戈德史密斯曾任纽约市副市长，对城市治理，特别是对数据驱动的响应型智能城市的建设深有体会，本书中文版译者车品觉曾任阿里巴巴集团副总裁，拥有丰富的大数据开发与应用成功的经验。

尽管中国和美国的社会制度与经济发展阶段各不相同，但两国在城市治理过程中遇到的问题是有共性的。《数据驱动的智能城市》一书中列举的美国城市在数据化转型过程中面临的挑战，在中国也能找到。中国正处于城镇化的高速发展期，城市治理与经济发展和市民需求之间不相适应的状况更为显著，中国各地都将建设智能城市作为解决城市发展问题的必由之路。从过去的法治城市、运营城市到如今的数据驱动的智能城市，中国正处于城市治理的历史转折点。本书总结的关于城市治理的主要理念也适用于中国，反过来，中国的智能城市建设实践也将会丰富和发展原有的城市治理理念。

本书列举了大数据在公共治安、消防预警、土地管理、企业诚信、金融欺诈、城管执法、少年法庭、儿童保护、医疗救助、环境治理、政府采购和市民热线等方面应用的真实案例。开发这些应用的起因各不相同，起步也都并非一帆风顺，与技术问题相比，管理体制是开发这些应用面临的主要挑战。本书所述的众多实例的推进过程，让我获得不少感悟。

1. 数字革命不仅提供了数据的分析方法，而且也扩大了信息来源。数字化时代改变了生活的方方面面，借助城市大数据决策系统，我们必然可以从根本上改善地方政府的行事模式。

2. 智能城市首先是智能政府，领导力是智能城市最重要的推动力。政府需要通过管理创新，促使公职人员处事模式基于数据驱动，从关注遵循法规转变为关注问题解决，给予公职人员适当的自由裁量权以释放他们的创造力。

3. 实现政府部门之间的数据共享是数据驱动的响应型政府的第一步。共享不代表完全透明，而是构建一个合理的、区分权限的、保护数据的同时能够让知识的价值流转的机制。这个机制需要有严格的安全保障，从而消除因安全与隐私问题而妨碍数据共享的担心。

4. 建设智能城市的目的是为市民提供更美好的生活，市民是城市的主人和城市建设的参与者，政府开放数据的举措，为市民和政府合作解决城市面临的问题打开了大门。虽然可访问且更加直观化的数据将会终结政府对信息的垄断，但响应型政府的权威会更受尊重，民众会相信政府使用数据工具的目的是为他们服务而非其他。

5. 建设数据驱动的智能城市的责任不仅属于数据科学家和分析师，而且属于政府的每一位公职人员和广大市民，需要全社会形成“数据驱动”的文化环境。

智能城市的挑战与希望

杨德斌
香港特别行政区政府资讯科技前总监

2016—2017 年，在担任香港特别行政区政府资讯科技总监一职期间，我的部门负责为香港规划智能城市蓝图。2016 年年初，我和我的团队访问了一些在构建智能城市方面处于世界领先水平的国家和城市，比如巴塞罗那、爱沙尼亚、维也纳和哥本哈根，从它们成功或失败的经验中学习适用于我们的手段。我们还会见并采访了来自美国、英国、以色列和中国内地的几位政府官员以及资讯科技总监，其中就包括这本书的合著者、纽约市前副市长史蒂芬·戈德史密斯。经过多方利益相关者的充分参与，包括官、产、学、研、商、社区等，我们终于在 2017 年 12 月发布了香港智能城市蓝图。

在蓝图中，我们按博伊德·科恩（Boyd Cohen）博士的智慧城市伦理论，在 6 个主要领域，即智慧移动、智慧环境、智慧生活、智慧人才、智慧政府和智慧经济，规划了 70 多个具体项目。此外，还提出了一个关键部署，就是成立一个高层次的智能城市督导委员会，由香港特别行政区政府行政长官担任主席，成员包括各司局的主管，负责制定政策与立项、财政拨款和监督实施进展。我们提出了建立关键的数字基础设施的规划，包括建立类似于纽约数据桥（Data Bridge）或爱沙尼亚 X-Road 的数据高速公路，以促进跨部门的实时数据共享。政府资讯科技总监办公室负责成立一个大数据分析分部，以积累数据科学的专业知识和提高对数据的认知；我们会为每位香港居民发放电子身份证，让大家可以通过官方实名验证参与各项电子政务及网上交易；传统的路灯柱将会改造成可收集多种实时城市数据的智能路灯，并安装高速 5G 网络，以支持车联网的运行。

在总结经验的过程中，《数据驱动的智能城市》一书给了我许多关于构建智能城市的真知灼见，为建立香港智能城市蓝图提供了有效的参考，我将从中分享一些关键的心得体会。

难以逾越的数据孤岛的挑战。19 世纪末，美国城市的政府结构已经确立。各部门和机构按照职能组织，每个公务员都有特定的任务，以便跟踪问责。随着时间的推移，部门和机构之间的隔阂变得越来越大，互不知道各自的运作情况。而且，官僚机构层级分明，只有需要时才会共享信息，从而导致了数据孤岛的结果。《数据驱动的智能城市》一书指出：“为什么 1890 年产生进取效应的政府架构在 2014 年却产生了相反的效应？”公务员往往受到过时的公务员法、职业分类和规避风险环境的限制。

未来将是一个充满时机的智能之城。市民期望得到政府更敏捷的服务，但目前的层级治理结构是极其无效的。现在，勇于改革的市长，如纽约市前市长迈克尔·布隆伯格、芝加哥市市长拉姆·伊曼纽尔（Rahm Emanuel）、波士顿市前市长汤姆·梅尼诺（Tom Menino）等坚信，数据驱动的智能城市为创建以量化指标为驱动的城市提供了一个最佳方法，这个方法将会带来根本性的改变。未来将是一个更加扁平化的组织结构，公务员通过获得相关信息授权，利用源自多个部门的实时城市数据，为服务市民做出更多的自主决策。

不过，改革的过程并不是一帆风顺的，特别是在利用数据分析来解决城市问题上。比如，当迈克·弗劳尔斯（Mike Flowers）首次担任纽约市数据分析办公室主任时，他的主要职责是使用数据查找出欺诈性的抵押贷款，但在花了不少时间和精力后，却没有找到任何实际结果。尽管如此，他仍向前推进。2011 年，美国两座建筑物因非法改造，造成了 5 人丧生的惨剧，这个惨剧促使相关部门开始采用数据分析的方法来判定建筑物的危险程度，从而确定优先处理的顺序，以便在严重缺乏人力的情况下进行检查。建筑部和消防局之间的数据共享被证明是非常有效的。这样的成功至关重要，不仅在纽约市的政府机构内部得到了传播，而且也传到了美国其他城市和世界各地。

《数据驱动的智能城市》中频繁提到的两个术语特别值得深究，即“数据驱动的智能城市”和“量化指标驱动的城市”。一方面，一个城市的智慧来自对城市实时情况的了解、掌握，以便在事故、自然灾害或恐怖袭击来临时采取相应行动。比如，救护车在救援伤员时可以携带与他们血型匹配的血液；市政府可以在暴风雨来临前就清理好堵塞的排水系统；定期检查高风险的建筑物以阻止火灾的发生；同样地，随时检查可疑的餐厅，以防顾客食物中毒。城市的智慧还来自对市民的了解，以便为他们提供一站式服务。城市的智慧也来自明智的决策与政策的制定。在做出重大决策之前，可以用数据分析来模拟趋势和相应的模式。比如，在选择建设地铁站的位置时，以最方便乘客进出并最能减少交通堵塞的标准来做出决策。被称为预测学习 (Predictive Learning) 的机器学习方法也只有基于汇集跨部门的城市数据时才能实现。

另一方面，“量化指标驱动的城市”是指制定一套综合的城市绩效指数，以了解当下，展望未来。根据城市绩效指数，我们可以构建出“城市仪表盘”，它能显示和汇集不同范畴的指数，以便辨别当下的城市状况。比如，我们可以通过一层又一层的追寻，找到空气污染的关键成因。量化指标将是市长制定政策和规划蓝图的有力工具；通过这一可量化指标，政府可以有效地改善市民的生活质量。

我认为，世界上的许多城市与美国的城市没有多大差异。领导者在组织结构中消除数据孤岛、构建跨部门数据共享平台、培养数据分析团队，并制定数据驱动指标，将是治理未来城市最有效的方法。《数据驱动的智能城市》一书中提到的这些方法适用于全球的城市，特别是中国的城市，各省市应该将建设智能城市作为重要目标。我十分感激车品觉先生将这本书翻译成中文，分享美国最领先城市所学到的第一手经验和宝贵心得。

智能城市，通向未来世界的窗口

娄永琪
同济大学设计创意学院教授、院长

2018 年的最后一天，我是在阅读车品觉先生翻译的《数据驱动的智能城市》书稿中度过的。基于对纽约、波士顿和芝加哥等城市致力于智能城市建设的先行者的案例研究，这本书描述了由数据驱动的时代的一个发展趋势：城市如何日渐成为一个智能数据平台。

今天的“数据革命”是对人类自由的又一次大解放，意义将同印刷术的发明打破少数人对知识和宗教解释的垄断，从而把人类从蒙昧和迷信中解放出来一样伟大。随着信息“垄断”逐渐被打破，普通人第一次真正拥有了直接参与城市治理和决策的机会和能力，人类社会离“民有、民治、民享”的愿景又近了一步。就似岁末年初的隐喻一样，城市治理正在翻开全新的篇章——从“自上而下”的管理转变为“自上而下”和“自下而上”紧密结合的协同共治。政府和市民之间形成一种双向交互关系，其交互品质与城市的响应能力直接相关。这既包括政府对市民各种需求的响应，也包括市民对政府决策和倡议的响应。此时，数据获取和处理的能力则成了这种交互品质提升的重要前提。这大概就是为什么这本书的英文书名为 *The Responsive City : Engaging Communities Through Data-Smart Governance* 的原因。

城市是人类最伟大的发明之一，城市发展进程中的每一次范式转型，都是对原有秩序的重构，数据驱动的智能城市背后的新技术、新产业、新业态和新模式，引发了诸多行业的颠覆性变革，很多惯性思维正在加速瓦解，同时也涌现出更多机遇，这种场景在《数据驱动的智能城市》这本书中已经有了生动的描写。但当数据正成为一种新的理性或是迷信时，批判和反思也同样不可或缺。数据、算法、算力和各种人工智能，如果不和人类的社会、经济和文化生产相结合，是完全没有意义的。人工智能本身并不能自主地实现真正意义上的创造，更不能理解人之为人的价值。可以预见的是，艺术、人文、设计创意的价值在数据驱动的智能城市中将会发挥越来越大的作用，因为具备人文光辉的技术才是有灵魂的！

感谢车品觉先生的翻译，让更多的中国读者能够深度了解世界上最具代表性的智能城市的故事，希望这些新的思考能够对我国深度城市化建设时代的城市规划、建设、运营和治理带来积极的参考。我相信每位读者都会在阅读和思考的过程中，找到属于自己的通向未来世界的窗口。

用数据更好地服务城市

迈克尔·布隆伯格
纽约市前市长
彭博社创始人

改进城市运作方式是改善全球数以亿计人口生活的最好途径。现如今，全球大多数人口居住在城市，这是人类历史上前所未有的现象，预计到 2050 年，全球 75% 的人口将都居住在城市。随着更多的人迁移至城市，城市将会面临越来越多的挑战，随之而来的解决方案也将不断涌现。

伴随着城市崛起的是让当地管理者可以更好地服务公众的技术创新。技术革命的核心是不断提高我们利用数据改善政府服务的能力。政府开始越来越多地分析和使用这些数以亿计的数据，以改善应急响应、教育、交通等各个方面的服务能力。

我的经验法则是：如果你无法衡量数据，就无法管理它。从私营部门到纽约市政厅，我一直秉持着这一观点。纽约市政府正在寻求收集更多数据，并致力于利用数据更好地服务纽约市民。

2003 年，我们开通了 7 × 24 小时非紧急政府服务热线 311，这不仅让纽约市民可以更容易地获取城市信息，而且也能让市政府了解市民关注的问题，并采取措施解决它们。

此外，我们还建立了大数据系统，用以衡量机构绩效，并跟踪结果。我们从私营部门吸取经验，将预测分析引进当地政府，利用城市数据预测未来会出现的问题，然后立即采取行动着手解决。

管理并了解数据有助于我们更高效、更合理、更低成本地分配资源，从保护儿童、打击犯罪到修复道路，再到检查建筑，全方位地改善市民服务水平。

城市治理者开始认识到，数据的使用在提高政府信息透明度、改善问责机制以及提高政府效率中发挥了强有力的作用。彭博慈善基金会（Bloomberg Philanthropies）正致力于为这项工作提供支持。比如，2013 年，芝加哥市利用数据分析预测风险的开创性理念，对风险进行提前干预，防止了问题的进一步恶化，成为当年“城市理念竞赛”（Mayors Challenge）中的 5 位赢家之一。数据分析在芝加哥市的落地应用，立刻成了其他城市争相效仿的新标杆。

通过对城市开展的一系列工作，比如，利用数据分析降低新奥尔良枪支暴力事件、帮助全球各城市减少碳排放量等，我们挖掘、创造了利用数据的新途径。当然，推动城市变革所需要的不仅仅是数据，还需要强大的执行者和有创造力的问题解决者。史蒂芬·戈德史密斯同时满足了这两个要求。很幸运在我的第三届任期内，他加入市政厅担任副市长，他将城市服务能力提升到了一个新高度。

在《数据驱动的智能城市》一书中，戈德史密斯和他才华横溢的合著者苏珊·克劳福德将向我们展示当地管理者是如何改变政府的工作方式的。通过对纽约、波士顿和芝加哥的案例研究，揭示当地公务员及市民如何利用数据挖掘、手机应用、无线装置以及社交媒体等新技术和新方式，提高城市的响应力、推动城市的变化和改善街区生活质量。

无论是在美国还是在全球其他国家和地区，城市的数字化变革将会定义未来的生活方式，而《数据驱动的智能城市》将为其指明前进的方向。

建立数据决策与城市治理的完美闭环

车品觉
阿里巴巴集团前副总裁
红杉资本中国基金专家合伙人

中国的经济会持续发展，有人预计，20 年后，中国城镇化的发展需求会更多，这也会给城市的人口、环境、治安、交通等带来诸多挑战。在 2017 年的世界城市人口排名中，东京以 4 200 万的人口排名第一位，据说这个数字还有机会增长到 7 000 万。如果要为这样一个城市建立决策系统，绝对不简单，相比于企业的商业智能，这样的决策系统更为复杂，影响也更大。城市是一个复杂的系统，各种因素相互关联，每一个决策都会影响千万人的生活。

在传统的管理体制下，决策的本质是将所有的信息集中在决策者手上，决策者希望从信息中找出问题、发现问题出在哪里、判定严重程度、找到解决方案以及判断方案的有效性，然后由权威人士做出决策。这种方法之所以一直行之“有效”，是因为过去死板的管理机制体系缺乏数据，而这种方法是所能做到的有效治理城市的唯一方式。随着大数据技术的发展，每个人都可以成为城市决策的一部分。阿里巴巴集团多年来建立的“城市大脑”就是一个集合群众数据做出总体决策的例子。如何运用大数据技术优化城市资源、提供更多便民服务以及促进产业发展，是中国智能城市顶层设计中的重要课题。而《数据驱动的智能城市》这本书提出的“响应型城市”案例，正是世界各地为城市治理探索的新方向。

我们现在正处于大数据时代的转折点。当前的移动互联网（未来还有物联网）产生的大数据积累了每一个市民在城市中的生活轨迹，包括他是谁（Who）、在哪（Where）、什么时候（When）、做过什么（What）等。如果城市中的行为数据与政务数据整合在一起，将会是人类历史上第一次拥有如此庞大的城市全景数据。就像迈克尔·布隆伯格所说：“如果你无法衡量数据，就无法管理它。”我一直认为，只有当数据化决策与行动后的反馈形成紧密的数字闭环时，城市治理才能真正进入科学的时代。

如何运用大数据技术优化城市资源、提供更多便民服务？
扫码获取“湛庐阅读”App，搜索“数据驱动的智能城市”，
观看车品觉精彩讲解！

THE RESPONSIVE CITY

目录

THE RESPONSIVE CITY

引 言

重新定义城市的未来

目前，美国各个城市的市政厅正处于发展转型的紧要关头。在过去一个世纪里，市政厅的工作方式没有改变的需求，也没有改变的机会。地方政府亘古不变的管理架构，官僚机构式的信息保护以及严格死板的工作流程，正在侵蚀着市民对政府的期待，市民对政府的信任已降到历史最低点。许多城市的居民对市政厅提供的服务感到绝望，尤其是在经济压力已导致政府的响应力变得更加迟缓的地区。然而事实上，地方政府是有希望彻底扭转这种绝望的趋势的，而这种机会便来自数字技术，即收集、存储和分析数据的新方法，新兴通信方式，以及新的社交网络世界。有了这些数字化工具，市民和官员便可以使地方政府发生革命性的变化，使它比以往任何时期都更具响应力、更灵敏、更透明，而且成本更低。

新技术的出现将为地方政府带来革命性的变化，包括从公务员的办公流程到市民与政府沟通的方式等。社交媒体和数据科学正在激发一种新的市民参与感，这将促使政府的管理模式发生巨大的改变。

《数据驱动的智能城市》主要描述了城市公共事业管理的相关技术和管理方式的变革，管理者在数字化治理方面运用的技术，以及所需克服的体制障碍。在接下来的章节中，你将会清楚地看到数据智能和响应型治理是如何在不同的城市中发挥作用的，以及这些领域的先行者是如何获得回报的。

我们为建立更好的城市这一目标工作了几十年，我（本书合著者史蒂芬·戈德史密斯）曾担任过社区志愿者、检察官、市长、副市长以及联邦官员等。我们中的另一位是苏珊·克劳福德，她从事过律师、白宫顾问和法学教授等工作。在职业生涯中，我们曾目睹了城市暴乱、大裁员、企业破产等无数挑战，同时也看到了城市在安全性、经济增长和宜居性方面的积极改善。然而，时代在变迁，不变的却是市民对冷漠的官僚作风和反应迟钝的市政厅持续上升的投诉。

我们坚定地认为，城市可以做得更好。我们都曾在哈佛大学教授研究生课程，我在哈佛大学肯尼迪学院担任政府创新计划主任，而克劳福德是哈佛大学伯克曼互联网与社会研究中心的负责人。这里的学生都是在数字时代长大的。我们都意识到，数字技术给地方政府带来了巨大的机遇。由彭博慈善基金会、麦克阿瑟基金会（John D. and Catherine T. MacArthur Foundation）以及奈特基金会（John S. and James L. Knight Foundation）资助的哈佛数据智能城市解决方案倡议，鼓励公共和私人领袖使用数据实现有效治理。我们希望通过《数据驱动的智能城市》一书以及我们正在进行的工作，将数据治理的可能性变为现实。

虽然我们在《数据驱动的智能城市》中讨论了技术，但技术并不是我们的关键主题。相反，这是一本关于公共机构、非营利性组织以及社区领导者如何利用新工具的力量改变现状的书。

数字化改变了生活的方方面面，也必然可以从根本上改善地方政府的行事模式，增强市民及公务员的市民精神。但经验告诉我们，这种进步离不开政府管理模式的重大改变：官僚结构必须升级，以适应新技术和实现目标。当数字化办公取代传统的纸张后，城市将不得不放弃为市民服务超过 100 年的治理模式。

在过去的一个世纪里，信息的流动缓慢而有限，而政府确保管控质量最好的办法就是制定并遵循规则。如今，随着数据在城市公职人员和本地市民之间的自由流动，规则的约束便成了有效行动的障碍。当公职人员的工作旨在解决问题而不是遵守规则时，他们便可以更迅速地采取行动，并创造性地解决问题。公职人员可以通过有序数据的辅助，在接受管理人员实时建议的情况下快速做出决定，而无须提交报告并等待不堪重负的主管的回应。结果便是，政府变得更智能、更灵活，懂得如何更好地利用资源和分配精力。

促进市政厅数字化革命的一些基本元素正是我们日常生活中所熟悉的事物。比如，智能手机和平板电脑，它们将数据从市政厅的文件库传输给在现场作业的公职人员，公职人员也可以及时将新信息传回市政府厅的文件库。附带全球定位系统（GPS）的应用程序可以显示公职人员在何处执行作业，以及每项任务需花费的时间，这样便能够检测到表现非常好或非常差的公职人员，并向主管实时发送通知。很多关键的数字化工具来自私人企业，比如，为获得可靠的民意见解和快速反应而存储、组织、可视化和整理数据的工具。借助这种工具，社会团体和政府官员能够发现社区存在的一些连最训练有素的专家也发现不了的问题。

这些问题之所以能够被发现，是因为数字化变革不仅提供了数据的分析方法，而且也扩大了信息来源。对于政府通过常用的方法获得的数据，例如报道的坑洞数量、修整过的街道数量、每宗投诉花费的时间等，居民自己现在可以添加大量此前政府不能或者不愿意收集的数据。电子收费系统（E-ZPass）的数据或街道上的传感器提供的匿名数据，可以揭示交通状况或城市资源的利用情况。Twitter、Facebook和其他社交媒体创建了全天候的窗口，处理人们正在关注、庆祝、赞赏或谴责的事件。自动生成的有关人们的行为以及人们在社交媒体上贡献的“大数据”是一股巨大的数据流，几乎涵盖了市政府面临的任何问题。当然，公职人员自身也会产生此类数据，他们现在可以很容易地互相分享这些数据，并与非营利性组织、社会团体、媒体、公司和私营企业分享这些数据。相较于10年前，对于一个支离破碎的政府官僚机构而言，311呼叫中心是一大进步。而现如今，311呼叫中心似乎已经过时，替代它的将是一个多媒体数字平台，可以让市民通过文字、语音、社交媒体和其他应用程序与市政厅及其他市民联结。

《数据驱动的智能城市》重点讲述了正在使用新的数字化工具来改造城市的政府官员和市民活动家的故事，描述了他们已经成功实现的转变，还强调了这种转变的驱动力，那就是消除等级和官僚机制的组织变革、数据分享方式以及领导力，也许领导力是最重要的。

领导力之所以最为重要，是因为我们所描述的新型公仆必须打破传统的官僚主义政府设置的三个障碍：第一，对政府公职人员的狭隘绩效评估方式；第二，一般城市政府的垂直化层级管理阻碍了观念和信息的自由流动，不适合解决非“垂直性”的问题；第三，官僚机构更倾向于执行“头疼医头、脚疼医脚”的表面工作，比如道路坑洞填补、案件处理等，而非寻求解决问题的根本办法。换句话说，若想从数字技术中获益，政府必须摆脱自己的传统办事方式。这就要求政府放弃过去 100 多年中积累的一些架构、传统和习惯。

上述传统架构由曾经的行政改革派设立，目的是应对政府在 19 世纪所面对的混乱无序状态。为了摆脱市政厅的腐败、无能和不可靠，19 世纪晚期的激进改革家更信奉理性、专业标准和分工。政府设立了不同的职能部门，比如消防员负责扑灭火灾、公共卫生护理人员负责流行病的防控、环保工人负责环卫。挑选公职人员是为了达到明确的标准，而不是为了建立某种政治关系，公职人员会被分配明确的任务，并接受绩效评估。管理人员会告诉公职人员该做什么，公职人员也会按照明确的指挥系统向负责人汇报工作。

明确的任务分配是 19 世纪进步改革的一个重要特征。因此，政府把工作重点放在了具体可量化的行政行动上而不是解决方案上。因此，政府官员虽然只记录了无家可归者的床位数、医疗卫生的投入数额、填补的坑洞数量，但却没有考虑到难以被量化的公共问题：实际减少的无家可归人数，在健康和教育方面的改进，以及街道的整体平整度。政府通过遵守法规而非注重结果的方式，安全地杜绝了任何滥用自由裁量权的行为。我在担任美国国家和社区服务公司[①]董事会主席时，看到了这一倾向导致的不幸后果：一个非营利性机构为社会带来了极好的服务成果，但却因为没有记下流水账，而受到严厉的惩罚，并被认为是失败的组织。那些编制了无可挑剔的流水账的机构，反而获得了非营利性机构督察员的认可。

因此，我们开始讨论当今城市政府所面临的危机。为什么 1890 年产生进取效应的政府架构在 2014 年却产生了相反的效应？公职人员缩手缩脚，受到了来自公务员法、劳动合同、工作分类、法院案件和风险规避律师等重重限制。随着时间的推移，官僚分级、流程死板、资源冗余等弊端越加明显，但政府对市民的反馈却视而不见。一次又一次，州和地方官员因为联邦政权的束缚以及冗余的工作方式，错失了多次变革的机会。受限于组织垂直化结构，每个计划由不同的机构负责，公职人员需要努力与社区以及家庭等“水平”方向的市民建立良好的关系。

复杂和规则驱动的问责制不仅影响了我们组织政府的方式，而且影响了政府管理的方式。随着 20 世纪的到来，这种体系崩溃了。如果

---

① 美国国家和社区服务公司是服务美国志愿队（AmeriCorps VISTA）、老年志愿队（Senior Corps）以及多家诚信创业公司的联邦母公司。

市民想要获取政府房屋检查的认证，就必须通过卫生和消防等不同部门的检查，当被告知必须等待找到纸质文件并邮寄给他们时，习惯于智能手机应用程序的市民则失去了耐心。地方政府还通过制定更多的规章来解决复杂社会中的问题。当发生重大事件时，监管机构和监控程序也一同挤了进来，为了处理与部门分工不完全匹配的问题，工作组被迫采用较为落后的官僚体制。与此同时，地方政府在原有工作的基础上增加了新的职责，联邦政府通过在城市和州政府实施大量法规和计划来引导上述落后的官僚化。法院也进行了权力下放，允许市政厅处理更多的城市问题。市政厅一度仅仅关注火灾、犯罪、环卫和其他基本服务，现在已将视角扩展到产前、学前甚至高级服务和服务评分上。服务的扩展加上现代生活的日益复杂，使政府公职人员的工作更难以分解成清晰、简单、易于监督的任务。

我们需要政府做出更积极的响应，利用数字化工具彻底地清除这些障碍。[1] 因为数字化工具可以非常有效地收集、分析和共享数据，进而推动政府和市民更加关注结果而不是遵循规范。这就解放了政府公职人员的才干和判断力，使他们能将更多的时间花在解决问题上，而非证明他们坚守了严格的标准。此外，共享数据的能力打破了传统政府的垂直化组织架构，鼓励部门之间的横向交流，也包括与社区团体以及市政厅以外其他利益相关者之间的交流。这就使得政府机构可以对人民开放，公职人员和市民可以协作制订解决方案。传统的官僚机构已经让市民和官员感到失望，而通过利用数字技术，政府随时能够满足市民的任何需求。结果便是，政府变得更智能、更灵活，懂得如何更好地利用资源和分配精力。

令人欣慰的是，信息的公开透明以及社交媒体的出现有助于市民对地方政府的诚信度做出正确的判断，从而在解决社区问题时，提高市民的参与度。社交媒体产生的信任可以在政策、发展和规划等领域发挥更大的作用。从国际研究工作中，我们可以看到，尽管社交媒体不能保证将机构和市民完全联结在一起，但在一定程度上，它可以提升以下两个层面的效率：（1）市民通过网络参与建立社会资产；（2）培养市民对政府和司法体系的信任感。[2]

在《数据驱动的智能城市》一书中，我们讲述了与旨在完成这种信任建设的数字化工作相关的故事，而且还描述了那些与克服变革阻力进行斗争的人物故事。

5部门数据共享，用平板电脑拯救儿童

在20年的时间里，吉姆·佩恩（Jim Payne）一直负责印第安纳州马里昂县少年法庭的工作。每年，他和地方法官需要宣判超过12 000起违法犯罪的案件，这些案件由执法机关专门负责青少年案件的警员进行调查，警员会为法院审理做好准备，再由少年缓刑部门定罪，并由独立的检察院起诉。佩恩的法院每年还要处理1 000多起与受虐待儿童有关的案件，这些案件主要由县福利部门的工作人员负责调查。学校办案人员也参与处理了一些儿童忽视案件，他们的主要工作是负责确认经常缺课的儿童。总共有5个不同的部门负责解决相关问题，但这些部门之间从不共享数据。

多年来，佩恩一直在尝试让这5个部门统一起来，或者至少能够让它们之间共享数据。他面对的第一个反对者就是各行政单位的律师，这些律师解释说，即使数据共享可能会给儿童带来帮助，但这是不可能做到的。佩恩展开斗争并最终赢得了这场法律战斗，但在10年前，他赢得的这场战斗并没有立刻带来实际效果，因为那些共享的数据仅存在于纸上。如果数据只依靠公文包和信封传递，就不会产生实时的、灵活的协作数据流。

当佩恩成为印第安纳州儿童服务部门的主任后，仍坚持推进数据共享这一理念，但情况并没有改善多少。办案员仍然在没有获得学校、家庭医生、心理健康服务机构、刑事司法系统或其他数据的情况下开展困难家庭帮扶方面的工作。虽然相关部门沿用了州信息系统，但该系统仅用于日常管理工作数据的存储，并未用于向工作人员提供儿童数据。

在安妮·凯西基金会（Annie E.Casey Foundation）的帮助下，佩恩主导将全美范围内与儿童福利相关的服务文件处理流程自动化，并利用文件数字化存储的方法解决这一问题。佩恩对部门的数据服务进行了重新设计，将系统收集的数据开放给服务中心的工作人员以及那些需要知道并有权知道的人，包括孩子的监护人、教育专家、医务人员和服务提供商等，并和其他部门的数据（感化服务部门以及家庭和社会服务部门）进行了整合，允许有关人士在遵守儿童数据使用规则的前提下，对这些数据进行检索查看。佩恩的部门为每一位办案人员购买了笔记本电脑和平板电脑，以便实时补充有关数据，并向他们开放数据查询权限。其目标就是当办案人员在执行时间紧急的任务时，能够获取有助于决策的更多数据。印第安纳州针对儿童虐待问题所做出的努力不再仅仅是动用大量年轻的办案人员，而是更多地借助于信息技术与数字技术的力量。

佩恩发现，融合相关机构的数据对儿童保护工作的决策制定有至关重要的作用。他的改革旨在创造这样的数据共享环境，而且在这个过程中，他们已经积累了丰富的经验。这一改革的另一优势在于，它能够影响印第安纳州政府其他部门和机构的工作机制，带来全新的工作模式，提高政府办公效率。印第安纳州首席信息官保罗·巴尔泽尔（Paul Baltzell）决定在州内进一步推广儿童服务部门的数据共享方案，并在利用数据预测婴儿死亡率的工作中取得了成效。

跨部门数据汇聚，打击精密商业犯罪

2011 年 11 月，纽约市市长迈克尔·布隆伯格任命莎莉·海曼（Shari Hyman）担任纽约市商业诚信委员会（Business Integrity Commission，简称 BIC）专员。海曼以往的工作经历使她深刻体会到政府按部就班的繁冗工作流程所带来的弊端——呆板的处理流程不仅大大影响了事件的处理效率，而且大大增加了那些诚信的小商铺运营者的成本。作为美国商业促进会的主任，海曼的工作重点主要集中在简化城市运作流程，帮助小型企业以较低的时间和资金成本完成各类审批。比如，她组建了一支新商业促进团队，该团队主要负责合并和协调各类城市检查工作，以便新餐厅和零售商店可以更快地获得营业执照，开门做生意。在此之前，她以市长特别执行办公室第一主任的身份提出了“目标型多机构执行”的概念。在担任第一主任期间，她还负责解决了另一个需要跨机构协作才能解决的难题：打击纽约运河街仿冒品牌服装猖獗案。该举措作为纽约市历史上最大规模的打假行动，需要协调4个不同机构的行政流程及资源，并查抄了32家出售假冒奢侈品的商铺（纽约市将这些商铺称为“冒牌货三角”）。

在商业诚信委员会任职期间，海曼负责掌管由81位职员组成的机构，该机构主要致力于监管纽约市商用废料回收商和市场批发商的诚信运营。在商业废料回收的问题上，纽约市曾出现过有组织的犯罪团伙，造成了混乱不堪的局面。商业诚信委员会负责向2 000家回收公司授予许可证，并监管它们的日常运营。当海曼开始担任专员时，商业诚信委员会拥有27个独立运作的共享数据库，牌照颁发的决策主要基于5 000多个独立数据集和100万页的纸质文件。

在海曼开始从事这份工作的前几周，她写道：“很明显，商业诚信委员会虽然积累了20年的数据，但没有有效的手段和方法分析存储在硬盘中的报告案例，更不用说利用数据做出决策，系统几乎无法提供有效的数据。”[3]

海曼开始着手销毁纸质文件，并扫描了50万页的文件，建立了整合数据库的企业数据管理系统。更重要的是，海曼开始将商业诚信委员会的工作重点从线下的流程化牌照颁发转移到线上由数据驱动的资质认证。商业诚信委员会面对的不仅有传统的有组织的商业欺诈团伙，而且有转售可回收物料（比如纸张、金属，甚至油脂废弃物）的商业犯罪组织。那些诚信经营的物料回收商正在面临来自盗窃团伙引起的越来越多的低价竞争。因此，海曼决定利用海量数据的力量改变执法模式，为决策提供支持。

海曼和首席计划官乔安娜·韦斯（Joanna Weiss）研究、分析了 40 种数据，包括私营企业和批发市场的业务数据、经营者的数据以及车量的数据等。

企业数据管理系统的建立可以使分析师从多个不同角度分析数据。韦斯表示，通过查询企业经营者和员工的背景数据，我们可以全面了解他们的工作履历。对于希望鉴别出并清除公司隐藏污点的人来说，这些数据等同于无价之宝。将所有数据汇聚到一个统一的系统能极大地提升商业诚信委员会识别欺诈行为的能力，并将有限的资源投入到急切的任务中去。同时，韦斯和海曼还经常和使用系统中的数据的用户交流。商业诚信委员会将内部各个行政区域的代表集合起来，组成管理委员会，并评出在使用数据打击犯罪方面表现最为活跃的成员，定期组织这些“积极用户”进行交流，分享彼此的经验。

在市长办公室分析团队的协助下，海曼利用“热点”分析，除了识别和打击回收品盗窃集团外，还帮助市环境保护部门识别出了餐厅非法倾倒废油脂的违法行为，从而节省污水管道系统的维护成本。根据要求，餐厅需要聘用政府特许的回收公司收集产生的油脂。海曼带领的团队通过采集和分析卫生部门和环境保护部门的油脂回收记录、餐厅许可数据以及下水道数据，就可以预测出非法倾倒行为。商业诚信委员会联合卫生部门和环境保护部门检查员，来确认哪些餐厅没有使用油脂回收公司的服务，进而识别出哪些是存在非法倾倒或参与油脂黑市交易行为的黑餐厅。通过数据汇聚分析，商业诚信委员会的执法效率提高了30%，而执法人员的数量降低了60%。

数字化武装的新型公职人员

佩恩和海曼的故事向我们展示了，利用数字化工具转变腐朽陈旧的管理模式后将带来的各种变化。然而，现如今，大多数公职人员仍在继续按照那些甚至在100多年前就已建立的高度机械化的常规流程开展工作。2010年，我在担任纽约市副市长时遇到了一起高额罚单事件，环境保护部门向一位在街上捡到报废空调的男士开具了高达2 000美元的罚款单。相关法律并未对捡拾废弃家电的行为进行具体的规定，仅规定了对盗取并出售高价值可回收物团伙帮派的处罚条款。执法人员因为缺乏有效的数据共享工具，无法获取这位市民的相关背景数据。比如，这位市民是惯犯吗？这台报废空调值多少钱？执法人员也没有可以记录该事件处理结果的工具。因此，他们只能按照这条死板的条款对这位可怜的市民处以2 000美元的罚款。

正是这些荒谬、死板的行政案例，促使“数字计划”开始得到推广和应用。上述的“数字计划”能使公职人员实时查看共享数据，了解更全面的数据，并利用这些实时数据做出更加合理的决策。同时，即时的数据流还为行政管理者提供了较之前更实时、高效的远程支持，以及培训和监督现场公职人员的手段，并让那些工作在一线的公职人员可以摆脱那些限制他们行使自由裁量权的陈旧规则。换言之，将数据引入执法现场改变了公职人员的工作流程以及整体的行政处理流程。自动执法系统会实时记录公职人员处理案件的过程，让执法人员可以根据案情做出灵活的决策，而不用担心违反工作准则。比如，自动执法系统允许环境卫生部门的检查员对盗窃分子和普通市民捡到废弃空调的行为做出明显不同的处理结论。这将成为新的、更好的执法问责机制。和任何其他类型的机制一样，虽然这种问责机制无法保证永远不会出现失误，但它确实增加了执法人员更加谨慎地做出决策的可能性。

在由数据驱动决策替代死板的日常惯例方面，圣迭戈警察局成绩斐然。该部门由 4 000 位警员构成，致力于为 300 万居民提供服务。过去几十年里，当某位警员在巡逻过程中需要任何信息时，他会通过无线电向调度员申请，然后等待回复。现如今，由于数据融合项目的实施，警员可以立即获得犯罪嫌疑人的法院缓刑信息、保释证明、照片、驾照号码等重要的个人信息。圣迭戈警察局首席信息官阿希什·卡卡德（Ashish Kakkad）表示，数据共享使巡逻警员的角色改变为“快速的决策者”，而不是“消极的等待者”，警员可以更高效地利用时间。数据共享工具普及到警务工作的多个方面，比如，管理者可以了解警员的经验和知识背景，判断出他们是否可以做出正确的决定。在政府结构允许的情形下，新数据共享工具可以提高公职人员的工作效率，促使他们及时做出正确的判断。

城市数字总机，现代版“接线员”

在曼哈顿肉类加工区的一间小小的办公室里，非营利性组织

OpenPlans 的工作人员正在寻找能够帮助公众找到自行车共享位置、了解公交车行驶路线以及解决其他日常城市困境的技术方法。他们努力工作，并构建了可以采集和共享数据的在线工具，以提高城市运营的效率。这个团体在社区中发挥的作用与 20 世纪 30 年代纽约电话接线员类似，他们是现代版的数字接线员。

过去的接线员所做的工作远不止是连接电话线，还负责管理所在社区的服务工作，比如，统计出生人数、发布选举结果、通知交通事故，甚至了解当地八卦也属于他们的日常工作。他们承载了社区的服务职能，将市民遇到的问题与解决这一问题所需的资源进行匹配，向个人提供解决方案，并鼓励邻里之间互相沟通。

在“话务中心”退出历史舞台后，并没有人接替接线员的工作，城市服务者的角色由职业官僚体系（professional bureau crats）替代。没有“话务中心”，政府官员做出的决策，比如，哪些城市公共设施破损严重，应优先修复；哪家餐厅可以开业；或儿童可以去哪里上学等。这些决策可能在技术层面是正确的，因为它们符合程序要求，但却忽略了社区的集体意见。这一流程无意地忽视了最终服务的人群，将市民参与的服务体系排除了出去。

在数字时代，腐朽的职业官僚体系必定走向终结，它将会被市民的亲自参与以及数字化工具取代。社区问题解决中心将根据公众有权查阅的市政厅数据以及市民本身生成的数据分析结果，产生适当的响应行动方案，甚至从一开始就可以防止问题的发生。**新的数字“接线员”将从社交媒体（当今社会社区的结缔组织）中产生**。当然，新社交媒体构筑的城市社区和以往的“话务中心”之间还是存在差异的。相比以前的电话接线系统，社交媒体让更多的人聚集在一起，可以随时随地获取信息。因此，社交媒体将打破市民与公职人员之间，以及市民与市民之间的沟通障碍，甚至可以颠覆城市等级体系。

采用城市数字总机的政府会将这个平台作为政府与市民互动的平台，城市可以更好地对资源进行优先排序，评估和预期问题的影响，制订响应方案，并均衡分配社区采取行动所需的资源。革新型政府会为市民创造表达他们想法的新渠道，向市民赋予立法、编制预算和对城市服务水平表达意见的权利。这种新的参与形式有利于市民提出服务请求或者投诉。此外，革新型政府还会让市民参与服务方案的设计，有时也会让市民相互传达这些设计方案。比如，几年前，纽约市建立了自己的社区数据门户网站，这个网站是一个真正可用的在线互动数据地图，并为 50 个社区委员会领导者提供培训。委员会是由社区比较活跃的居民组成的，每一个委员会代表一个街区。借助数据赋予的力量，这些积极分子会针对当地面临的问题制订解决方案。

这种新型的交互方式对治理城市十分有益，因为市民可以参与并找到问题的解决方案。正如主要负责向其他政府机构提供服务的联邦政府总务管理局（General Services Administration，简称 GSA）所展示的那样，城市数字总机同时对结果有益。2014 年，总务管理局因建立用于解答问题并能从中获得奖励的在线门户网站 Challenge.gov，荣获哈佛大学颁布的美国政府创新奖。Challenge.gov 网站旨在帮助联邦机构提出问题，并向提出解决方案的市民提供奖励。该网站自创建以来，使用城市数字总机的市民解决了发布在网站上的 600 多个问题。例如，联邦贸易委员会通过在网站上发布“骚扰电话挑战”，向市民寻求能阻断非法骚扰电话的途径，而非向专家寻求解决方案。

公众通过城市数字总机向城市管理者提供了将近 800 个颇具创意的解决方案，获胜的提案是一个名为 Nomorobo 的软件过滤器，目前该软件过滤器得到全面使用，使成千上万人受益。

此外，美国空军研究实验室在 Challenge.gov 网站上发布了“如何安全阻止逃离车辆”的帖子，来自秘鲁首都利马的 66 岁的退休机械工程师提出的解决方案被采纳，并获得了 25 000 美元的奖励。

重塑领导力，从合规模式到问题解决模式

实现更为开放灵活的管理，需要最高层领导者具备果断的品质，以打破城市从 19 世纪后期开始就一直沿用的僵化系统。

布隆伯格凭借在数据应用方面多年的经验而被任命为纽约市市长，并且设立了数据驱动型的副市长职位。纽约市政府同意共同建立数据分析中心和共享其他机构数据的提议，但很快，几乎所有人都表示，这个提议在实施过程中存在法律、技术和操作上的障碍。此外，预算管理专家也开始打退堂鼓，因为他们担心成本问题。律师援引了众多旨在禁止数据共享的规定，这些规定大多为联邦政府规定。每一个城市机关的首席信息官也强调，只有他一个人才能拥有管理所在单位数据库的权限。尽管下达了有关行政命令、做出了数据承诺，并任

命许多专业人士开展打通数据共享环节的工作，但如果没有推动顶层领导者做出改变，布隆伯格就无法让纽约市政府成为数据驱动型政府。关键的问题是，顶层领导者应该如何为以更开放灵活的治理体系取代陈旧的层级治理体系创造有利条件。

《数据驱动的智能城市》这本书的前几章将探讨与该问题有关的相关举措，后续章节将描述几个具有代表性的城市的领导者是如何打破惯性和推进政府数字革命的。在叙述故事时，我们从这场数字化变革的开端思考它最终的结局：市政府进入新的时代，公职人员与其管辖的市民真正开始共同开展重要工作。释放数据和分析的力量将推动官僚主义时代的瓦解，促使政府从合规模式转变为问题解决模式，从而真正发挥政府官员的智慧和作用，发挥市民的想象力和精神力量。从某种意义上说，本书主要以数据共享模式推广期为例，揭示落后的政府组织模式是如何面对数字技术变革的。

然而，政府一旦转变了思路和态度，接受由数据驱动的变革，将会创造出伟大的管理新模式。随着全球继续朝着城市化方向发展，市民相信政府会作为他们的代表，帮助国家做出准确的定位，解决他们首要关心的生活质量、可持续性、恢复力、社会正义等问题。即使是一些琐碎的日常服务，市民也相信政府会为他们考虑周全。正如城市公职人员所知，市民首先在意的是他们所在社区的生活状况。这就是为什么我们的城市要采取一些最有效、最鼓舞人心的行动来构建响应型政府，这一切的实现还应归功于将在本书中描述的几位领导者。

THE RESPONSIVE CITY

01

像管理企业一样治理城市

ENGAGING COMMUNITIES THROUGH
DATA-SMART GOVERNANCE

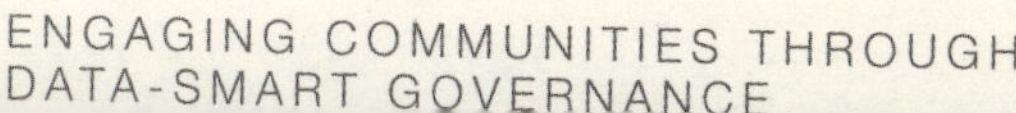

数据驱动智能城市指南 THE RESPONSIVE CITY

1. 关注决策的过程，加强数据分析能力。

2. 建立数据资源，制定数据标准。

3. 形成管理规范，建设数据管理平台。

4. 建立海量数据的深入分析能力。

5. 建设外部数据的战略储备。

6. 建立数据的外部创新能力。

7. 推动自身数据的开放与共享。

8. 做好数据产业的战略布局。

当比尔·奥茨（Bill Oates）谈起自己30多年的教学经验时，他那带有波士顿口音的语速变得更快了。满头的白发使他看起来很像年轻版的蒂普·奥尼尔（Tip O'Neill），但奥茨始终怀有孩子般的热情。奥茨的职业生涯始于在喜来登酒店担任“话务员”一职，当时，他晚上还去法学院上课。他从话务员起步，一路升职为酒店电话服务行业的专家，并且帮助喜来登酒店信息技术团队提升了信息技术能力。1998年，喜来登酒店与喜达屋集团酒店和威斯汀酒店合并后，奥茨一直担任喜达屋集团酒店与度假村国际集团的首席信息官。在信息技术领域，他能够处理各类难题。

2006年夏天，奥茨进入波士顿市政厅信息技术部门工作，成为波士顿首位内阁级别的首席信息官。虽然奥茨拥有多年的业内经验，涉猎广泛，但当他在波士顿市政厅听到打字机的声音时，依旧觉得难以想象。

在市长汤姆·梅尼诺向奥茨发出首席信息官职位邀请时，波士顿一直以互联网连接通畅、精通数字技术而著称。当时，奥茨开玩笑地说：“我最害怕的是所有的好东西都被别人完成了。”但当他走进市政厅并听到 19 世纪的打字机发出的敲击声时，他意识到，政府机构需要“花费很长时间实现转变”。这也是他以后会致力于做到的事情。

奥茨并未轻易气馁。波士顿市政府的社群和社交技术战略家林赛·克鲁德尔（Lindsay Crudele）认为，奥茨是“特别无所畏惧的”。奥茨的领导风格属于从容不迫型，他总会制订好完备的工作计划，让人觉得他精力充沛且镇定自若。奥茨指出：“为什么政府做出改变如此重要，因为政府尚未做出任何改变。”

在奥茨供职于喜来登酒店和喜达屋集团酒店期间，这两家酒店不得不为了生存而不断适应新环境，麦肯锡咨询公司的顾问总是隔几年就会来酒店提供咨询，随之而来的机构重组、股票价格下跌和一次全球性的流行病毒都危及到了酒店行业，在线预订动摇了酒店之前采用的商业模式。所以，酒店机构永远不可以忽略变革的前景。

奥茨注意到，波士顿市政府直到最近才频繁地面临与上述情况类似的创新压力。经济萧条导致波士顿市政府的预算不断下降，而市民对城市服务的需求却在不断增长。奥茨告诉梅尼诺，数字技术不再是“想要拥有”的东西，而更为有效的数字化手段变得愈发生死攸关。奥茨告诉市长：“如果您想为这个城市的人民提供更好的服务，我们就必须做出改变，而数字技术就是其中的核心环节。”

由于奥茨多年来一直在家乡波士顿沃特敦（Watertown）担任民选官员，因此他具有强烈的市民情结。他是简·雅各布斯（Jane Jacobs）的拥趸，雅各布斯曾发表过“城市必须由它的居民建设，而非按照居民之上的机构所制订的计划建设”的著名言论。奥茨认为，城市只有在所有居民都参与建设的情况下，才能更好地服务每个居民。因此，他认为，波士顿市政厅需要与它服务的居民建立更好的联系。而这成为他定位自己新职位职能的指导原则。“在市长的领导下，市政厅的工作重心在于人民，而我认为突破的重点在于数字技术。”他回忆道，“我们开始思考一个词：参与。我们应该如何利用当今的技术实现与市民之间更好的联结呢？”

事实上，市民参与成为奥茨乃至波士顿市数字化变革成功的关键。2006—2013年，在市长的支持下，奥茨担任首席信息官，波士顿市采用了新的数字化工具，帮助政府实施变革，并取得了令人印象深刻的成功。那么，波士顿市是如何实现数字化变革，给其他城市带来极具参考价值和颠覆性的经验的呢？改变源自一位事无巨细且非技术专家出身的市长。

2006年，当奥茨加入波士顿市政府的时候，时任市长梅尼诺和蔼可亲、坦率友好，带着一口浓重的波士顿口音，长期以来不懈地努力与市民建立联系。他喜欢和市民握手，而且总是出现在波士顿的大街小巷，不厌其烦地参加各种活动。人们说，他几乎见过一半的波士顿居民，而波士顿总人口高达63.6万。2013年3月，《波士顿环球报》发布的民调结果显示，在接受调查的波士顿居民中，49% 的居民的确见过他。[1]

1993 年，在担任了几个月的执行市长之后，梅尼诺首次当选市长。在担任市长期间，梅尼诺会关注城市管理的各种微小细节，因此获得“城市机械师”的称号。奥茨说：“他希望确保街道整洁，路面平整，街区成为居民美好的居住地。这些都是为了居民的福祉。”2014 年 1 月上旬，暴风雪袭击了波士顿，造成了严重的后果。距离任仅剩几天的梅尼诺称这场暴风雪是“送给我的最后一个新年礼物”。[2]

在为市民提供服务的过程中，梅尼诺看到了数字技术的力量。2005 年 12 月，正值梅尼诺为第 4 个任期准备施政纲领的时候，他了解到技术创新能够提供政府与人民之间新的联结模式。于是，他决定聘请一位内阁成员级别的首席信息官。在波士顿的历史中，第一次出现了与警察局局长、校监和其他部门主管平级的数字官员。奥茨虽然接受了首席信息官一职，并直接向市长报告，但他完全不知道自己的职责是什么。

“我问市长，‘您认为我应该做些什么？’市长答道：‘我不知道，这就是我雇用你的原因。’”奥茨回忆起当时的情景时这样说。以前，数字技术并不是市长应考虑的事情。奥茨谈道：“市长的很多亲信建议他雇用一位数字技术人员。”尽管奥茨担任了波士顿市新的首席信息官，但在 2006 年，他所在的部门实际上更像是“市政厅管理信息系统”。奥茨的部门主要负责支持和维护财务及行政管理系统，并在必要时为个人电脑、网络和主机上出现的问题提供解决方案，因此颇受尊重。“但没有人真正知道，应该如何利用技术推动市政府的发展。”奥茨回忆道。奥茨花费了三年的时间将所在部门更名为“创新技术部”。

2014 年上半年，梅尼诺离任了。在他史无前例地担任了 5 届市长后，他的团队得出结论：首席信息官和创新技术部对梅尼诺在任期内取得的显著成就做出了巨大贡献。就在他离任的几个月前，民调结果显示，82% 的波士顿居民“普遍支持”市长，而且对市长的评分甚至超过波士顿市最受欢迎的红袜队。梅尼诺任期届满时，发表于《纽约时报》的一篇名为《20 年的改变让波士顿熠熠生辉》的文章称，梅尼诺是“渐进主义者”，勇于探索又具有技巧，拥有掌控全局的能力，善于利用类似于“回归大城市”等趋势，最终推动了波士顿的发展。[3] 尽管梅尼诺在担任市长初期已经取得了诸多成就，但毋庸置疑，在他任期的最后 10 年，数字技术让市政厅具有了更强的响应力。比如，市长的 24 小时热线服务水平获得了极大改善；为市民引入的手机应用程序方便市民向市政厅反映相关问题；在市长办公室建立了创新中心——新城市技术办公室。

梅尼诺的其中一任幕僚长米切尔·韦斯（Mitchell B. Weisss）谈道：“梅尼诺市长在数字技术领域的努力是他推动城市开放、让城市变得宜居，并赢得人民信任的重要条件。”《波士顿环球报》将梅尼诺市长描述为“美国历史上罕见的与城市政治和城市时代紧密联系的关键人物”，梅尼诺的数字技术团队继承了他坚韧的品质。[4] 在市长和其团队的共同努力下，数字技术成为消除政府与人民隔阂的良方。梅尼诺市长将偏爱数字技术的思想也用于了科技领域。

这一成果来之不易。在奥茨于2006年6月在波士顿市政厅任职新首席信息官时，波士顿市尚未在数字技术基础设施领域开展积极投资。奥茨谈道："在超过一亿美元的财政预算中，直接用于投资数字技术的预算不到50万美元。"为了给这座城市建立一些具有影响力的数字技术基础设施，奥茨需要加大投资。

不幸的是，之前诸多市政厅实施的数字技术项目的投资记录极其糟糕，这些项目看上去无法完成，也不会产生投资回报。因此，在包括城市光纤网络、数据平台和企业系统在内的等数字技术基础设施的投资上，波士顿的首席财务官表现得十分谨慎。在首次参加的预算会议上，奥茨代表整个团队积极发言，然而，不仅他最初提出的预算请求被拒绝，而且整个部门的业务都没受到重视。会议结束后，奥茨的部门行政兼财务主管疑惑地看着他说："奥茨，我在这儿工作很久了，从未看到过如此糟糕的结果。"

但更糟糕的是，奥茨的预算请求被拒绝的原因不仅仅是因为钱，他还正面临着政府采购规则带来的苦恼。奥茨回忆说："我走进预算办公室，告诉了相关负责人我们需要做的事情和需要购买的物品，然而他们说，'好的，给你30万美元作为项目的预算。'我说，'那我们开始吧。'他们说，'这个项目的审批需要花费一年半到两年的时间，我们必须按照采购流程走，而且必须遵守（州法）第30章以及其他规定的采购要求。'这可太恐怖了。"

奥茨对预算办公室的负责人说："给我们一个机会，我们会证明这项投资会为城市带来巨大的价值。我们可以通过数字技术提高城市的服务质量，并且能让各个部门高效地运作。数据会使城市变得更好。"虽然奥茨坦诚地承认，波士顿市的财务部门对项目预算的谨慎态度确实在很长的一段时间里给这座城市带来了诸多益处，但"更灵活的财务政策有助于这座城市对某些更具前瞻性的行动做出及时回应"。当谈及数字技术项目的预算时，市行政官的"谨慎"就相当于"拒绝"。奥茨对梅尼诺市长和首席财务官表现得十分坦承："我们不能再忽视这个问题了——这个城市过去一直在推迟必须做出的投资。"

即使是梅尼诺市长，在发表与创新有关的讲话时也表示，奥茨关于建立数字技术基础设施的提案并不能够解决波士顿市的实际问题。"梅尼诺市长说'那对我有什么用'，并且再一次强调，要重点关注在这个城市生活和工作的人。"奥茨回忆道。起初，奥茨告诉梅尼诺市长他只需要时间，"您需要信任我，您会满意我们即将提供的服务"。

虽然梅尼诺市长并非完全接受奥茨的想法，但事实证明，他们之间的关系成为克服市政厅惰性和阻力的关键。奥茨经常与梅尼诺市长会面，一起讨论波士顿市需要做出的变化。两人相处融洽。奥茨开玩笑地说，因为他并非在波士顿长大，因此在担任首席信息官之前没有机会成为见过梅尼诺市长的 60% 市民中的一员。他还取笑梅尼诺市长说，他的家乡沃特敦与市政厅之间的距离比梅尼诺市长在海德帕克的住所与市政厅之间的距离还要近。聘请奥茨担任首席信息官是梅尼诺在第 4 届任期期间采取的重要举措之一，目的是为他的领导团队引进一些新理念和外部视角。尽管存在各种阻碍，但奥茨相信梅尼诺市长做出的承诺——以有趣和创新的方式推动城市的发展。

波士顿对诸如住房建筑补贴、工作培训和公共安全等方面的服务需求不断增长。从奥茨的角度来看，考虑到这座城市的财政约束，梅尼诺市长想要提供更多服务的唯一途径就是，将重点放在数字技术、数据平台的搭建以及满足各部门共享数据的需求上。奥茨与梅尼诺市长的亲密接触，可以使他直接向梅尼诺市长反映与数字技术有关的想法。

不过，出人意料的是，奥茨工作职责的模糊性方便了他开展工作。梅尼诺市长对这位新首席信息官的工作内容没有既定的限制，因此奥茨可以定义自己的角色，参与到组织内的多个领域之中。他决定通过展现高质量的项目管理、在预算范围内及时完成项目，以及及时提供承诺过的服务等方式，建立他在市政厅的公信力。

奥茨采取的第一步措施就是，提高波士顿 18 000 位工作人员使用的服务器和工作系统的服务质量。“如果我们不这么做，就没办法获得公信力，进而导致无法做我们想要做的事情。做这些事情更有意义、更宏大、更具前瞻性，能带来更积极的作用。”奥茨说。

在开展基础工作时，奥茨看到了能通过数字技术改善梅尼诺市长一直以来重视的领域的机会：波士顿市的市民热线服务。

像私企那样建立市民关系管理系统

在开发 311 呼叫中心之前，一旦波士顿遭遇暴风雪的袭击，政府只能采取简单的措施来分发铲雪工具和化雪盐。市长办公室的职员在接听到市民的求助电话后，再致电就职于政府其他部门的同事，传达市民的请求。政府没有追踪现场情况，也没有记录请求完成情况的回访电话，各个部门仅通过电话、备忘录或非正式的个人联系等方式与其他部门建立联系。

在梅尼诺任职期间，他经常接听市长热线，这个 24 小时的电话服务于 1968 年开始启动，市民可以在任何时段拨打热线报务，反映街灯故障和道路坑洞等问题。梅尼诺认为，有人亲自接听热线是极其重要的。长期以来，他一直拒绝在市政厅使用电话留言答录机，因为他不希望在人们致电时得到的是自动答复，真人的应答对他而言至关重要。“从操作角度来说，并不是说电话留言答录机的效率不值得信任，”前幕僚长韦斯说，“而是你会发现真人的应答是一种最高效的文化象征。”

有一次，梅尼诺市长购买了一张新床垫，之后店铺打电话询问了使用情况。事后不久，他问自己的工作人员，为什么城市没有针对市民的请求采取同样的回访电话。不过，这一类的回访追踪需要对热线服务进行技术更新，但这样的更新也能体现出市长对服务市民和及时反馈市民的高度重视。

但是，改善后的热线服务在开支上并未好于改善前的水平。奥茨强调，市长的最高目标之一就是“以相同或更低的成本提高城市服务质量”。此外，奥茨意识到改善热线服务也将彻底改善官员彼此之间的沟通。在奥茨初到市政厅时，他发现在与各部门的合作中存在着各种有形和无形的障碍，他为此感到非常惊讶。他发现，热线服务由 4 位工作人员负责，这些人员与“大隧道”部门的工作人员共用一间办公室，“大隧道”部门负责波士顿为期 15 年的高速公路和隧道项目。当梅尼诺市长宣布将波士顿市政厅搬到南波士顿海滨的计划时，奥茨告诉他，这一举动将会为波士顿市的发展带来巨大机遇。“不论最后我们搬迁与否，我只希望你把这栋建筑内的机构设置彻底打通，让身处其中的每个人都能感受到天翻地覆的变化。”他回忆道，“我从未见过一栋机构的建筑规划如此混乱，导致各部门沟通不畅。我可以毫不夸张地说，你在这栋楼里都不知道其他部门在哪里。这太可怕了。”

奥茨认为，解决热线服务问题的最佳方案是：市政厅应该像私营企业那样建立客户关系管理系统。最终，奥茨承担了市长指导委员会的部分早期工作，并带领启动波士顿市的首个客户关系管理项目。在奥茨入职市政厅之前，市政厅里没有人理解“客户关系管理”这一概念，因此他将这一术语更名为“市民关系管理”。奥茨与市政厅于 2006 年雇用的另外两位公职人员克里斯·奥斯古德（Chris Osgood）和奈杰尔·雅各布（Nigel Jacob）展开了密切合作，他们三人组成的部门此后被称为梅尼诺市长的新城市技术办公室。

雅各布是一位擅长社交的加拿大人，曾就职于几家初创公司，并获得了波士顿市的首个城市技术专员的职位。这一职务负责将年轻的人才引入政府，让他们熟悉政府工作，进而孵化出新的创意。奥斯古德是谦逊而具有协作精神的波士顿本地人，他的家庭成员热衷于参与市民活动。2006 年，奥斯古德以哈佛大学商学院研究生的身份加入市长办公室。奥茨、雅各布和奥斯古德以团队的形式共同致力于市民关系管理升级项目。

美国其他地区已经设置了政府部门的市民关系管理系统，因此这三个人委托技术研究和咨询公司高德纳集团（Gartner Group）对现有的这些系统进行审核，并与波士顿市当前能提供的系统进行比较。高德纳集团发现了波士顿市政厅各部门职责划分不明确的问题，这些问题奥茨之前也发现了，例如，市政厅电话簿上列出的未被兑现的服务清单高达数千项。高德纳集团还发现，有些城市掌握了后端服务系统，允许公职人员在进行电话服务时准确地记录相关信息，但这种后端服务系统往往利用率不高。有的城市虽然满足了前端需求，能够准确地标注需要注意的事项，但它们没有系统的方法对问题和需求进行记录和储存。因此，奥茨和他的同事得出结论：波士顿市需要建立能稳健而又高效地合并前端和后端需求的市民关系管理系统。奥茨向梅尼诺市长反馈了团队的意见，并在 2007 年年初获得了批准。梅尼诺市长宣布，市政厅将建立全新的改进版呼叫中心。

将新技术引入热线服务是一项棘手的任务，耗费的时间远远超过了预期。梅尼诺市长依旧是热线服务的常客，他通常在早上 6 点左右拨打热线，当发现没有人接听时，会感到不快。之后，他会打电话给首席信息官：“奥茨，你在对我的热线服务做什么？”奥茨会像往常那样答复：“市长，请再给我一点时间。”

随着时间的推移，媒体开始变得不耐烦。2008 年 4 月，《波士顿环球报》援引“资深城市官员”的话抱怨称：“政府需要两年，需要花费 200 多万美元才能建造好波士顿市的市民投诉追踪系统。”[5] 幸运的是，这篇文章反而坚定了梅尼诺市长的决心。这篇文章发表后，市长办公室发布了新闻稿《市长重申致力于市民热线服务的决心》，并任命市长的特别助理帕特里克·哈林顿（Patrick Harrington）协助奥茨处理媒体的责难，确保项目完成。

2008 年 10 月，新的市民关系管理系统正式启用。经过数月的试用之后，市政厅高度评价了新系统，因为它大大提高了响应市民问询的速度，以及市政工作人员修复公共设施的速度。新系统不仅能够使市民更方便地反馈问题，更能够追踪解决问题的时间。2009 年 5 月，《波士顿环球报》的一篇报道称："城市工人提供新垃圾回收站花费的时间，从去年秋季的平均一个月缩减到本月初的一周。"[6] 自从有了市民关系管理系统，城市工人可以在一周内修理完线路烧坏的街灯，而在去年则需花费 17.5 天。就维修公园的诉求而言，完成维修的时间从去年秋季的平均 10 天缩减到现在的 6 天。许多市民仍然会拨打市长热线服务反馈坑洞或街灯的问题，但现在他们还可以通过在线服务或市政厅网站的自助服务直接与热线客服人员交流。

如今，以电子邮件和电话的形式通知工作的进度和结果成为市民关系管理系统中的一项标准要求。"与之前认为的相反，第一印象不一定是最重要的，"波士顿市前任市民参与主任及现任临时首席信息官贾斯廷·霍姆斯（Justin Holmes）说道，"在通常情况下，最后的结果才是我们的客户，也就是市民最看重的。因此，我们现在所做的事情，比如，当市民向我们反映坑洞的问题时，我们不仅以电子邮件来告知市民的投诉结果，而且在工作人员完成工作时，我们也会收到电子邮件通知。这样的做法为市民提供了跟我们进一步反馈和讨论问题的机会，而这更有助于解决市民的诉求。同时，我们偶尔也会进行电话回访，以检查和确保市民满意我们的服务。”

波士顿市的市民关系管理系统运行良好，任何提出特定投诉的市民均可通过系统追踪投诉的处理进度。运输专员托马斯·廷林（Thomas Tinlin）这样描述市民关系管理系统：“系统追踪工作进程就像追踪包裹一样，市民甚至可以获得处理结果的照片。”

对梅尼诺市长而言，“数字技术可以让城市服务更多的居民”这一理念非常具有吸引力。奥茨解释道：“在建立市民关系管理系统的整个过程中，梅尼诺市长向我们提供了充分的支持。每当人们问起我是如何带领团队在波士顿市取得这么多成就时，我总会这么回答，因为这就是我们的职责所在。在我眼里，梅尼诺市长就像任何私营企业的CEO一样，我需要向他报告。事实上，这些成就展现了他卓越的领导力。他总是会说，这就是我们做事的方式。”

所有这些改变又促使波士顿市需要引入更多的数字技术，发生更多的改变，由此为不断的变革奠定了基础。

通过手机政务应用与市民建立联系

在奥茨进入市政厅一年以后，苹果公司发布了第一代苹果手机。几个月后的2008年年初，苹果公司为想编写手机应用程序的人士发布了一款软件开发工具包。奥斯古德和雅各布由此产生了一个想法：如果能为市民提供一个仅通过苹果手机拍照就可以反映波士顿市涂鸦、凹坑或其他问题的应用程序，那将会怎么样呢？于是，第一个手机应用程序“市民连接”（Citizens Connect）应运而生了。

正是奥斯古德和雅各布的组织合作能力，才将他们的想法变成了强有力的数字化工具。2008年，麻省理工学院媒体实验室成了他们的第一站。就职于麻省理工学院媒体实验室的著名教授哈尔·埃布尔森（Hal Abelson）认识戴夫·米切尔（Dave Mitchell），米切尔联合创办了智能手机应用程序开发公司——连接信息（Connected Bits），在当时，这类人才是非常稀缺的。埃布尔森向米切尔介绍了奥斯古德和雅各布。米切尔曾就职于微软研究院（Microsoft Research）和麻省理工学院，很早就开始对移动技术感兴趣：他和同事埃里克·卡尔森（Eric Carlsen）在2003年创办了连接信息公司。在苹果手机及其模仿产品出现之前，“我们就发现，我们可以在手机上做一些有趣的事，让它能与浏览器互动。”米切尔说道。

米切尔回忆起与雅各布、奥斯古德、奥茨以及一些城市的地理信息系统的员工首次召开会议的场景，连接信息公司的负责人说：“我们完成了一系列工作，并在几周后提交了产品的功能原型，为此感到很兴奋。我们与市政厅的相关人士进行了第二次会面，向他们展示了手机应用程序的原型。它可以拍摄图片、设置GPS和一些基本信息，并且可以将相关信息传输到服务器进行管理。如果你需要在服务器上关闭请求，这个应用程序可以向你登记的电话号码发送文本信息。”

市政厅的工作人员感到很震惊。米切尔说道："他们还不习惯这么快的转变，仅在两次会议期间，产品就从一个概念变成可见的功能原型。"连接信息公司是一家私营企业，所以它的动作十分迅速。然而不幸的是，开发系统原型需要资金，奥斯古德和雅各布仅能够提供 5 000 美元的资助。这显然不足以开发一款针对大城市的应用产品。

对奥斯古德、雅各布和奥茨来说幸运的是，连接信息公司非常慷慨。"开发应用程序是我们最近一直努力在做的事，更何况我们还拥有好的合作伙伴、可供使用的案例和参考数据。"米切尔回忆道，"因此，我们将为市政府免费开发应用程序。但我们要求市政府在项目开发、运营的第一年提供 25 000 美元的资金支持，因为一旦我们发布这款应用程序，维护和运营程序将是我们的持续性职责。"奥茨当场就同意了这项请求。

这款应用程序在 2009 年秋季开始部署，在当时属于一项前沿技术。"没有人做过这个。"米切尔说。这项工作最重要的部分是，让应用程序顺利地与波士顿市已经建立的市民关系管理系统兼容，整合工作花费了大约 6 个月的时间。

在米切尔带领团队努力解决必须克服的技术问题时，并未发现预期会出现的问题。他们担心在这样一个开放系统中，会出现用户隐私泄露和滥用等问题。但事实证明，这些问题无足轻重。米切尔回忆道："在整整一年过后，在成千上万篇报道中，仅出现了一两件微不足道的事件。结果证明，所有这些担忧毫无意义。"

基于移动互联网登录的手机政务应用程序市民连接，给市民提供了又一个投诉渠道，不仅新颖，而且对很多人来说，比使用网站更容易。公共工程幕僚长马特·梅尔（Matt Mayrl）解释道："就缩减问题而言，之前的方式就是启动电脑、开机、加载互联网、浏览并记住网页。而市民连接这个应用程序使整个流程变得更容易操作。这个应用程序有个小按钮，代表 4 个选项，你只要从中做选择即可。"霍姆斯认为，使用市民连接应用程序意味着"有更多的居民加入到城市的管理中来，如果没有开放这种新渠道，很多人就不会被纳入市民关系管理系统中来"。

奥斯古德认为："市民连接应用程序在整体上为波士顿市带来了巨大的服务改进和文化转变。"米切尔对此表示同意，他认为，市民态度的转变也反映了文化的转变："真正有趣的是，当市民每次打电话反映问题时，感觉自己是在抱怨。但当他们使用手机应用程序反映问题时，会感觉自己正在提供帮助。"

此外，市民连接应用程序还支持呈现更多与投诉或请求相关的有用信息。例如，地理编码图片允许浏览者校准图片准确位置，并准确确定市民问题的来源。

对于"照明故障"之类的问题来说，使用手机应用程序反映问题可比打电话更精准。梅尔说道："因为电话描述总会存在一定的误差，因为接收者很难确认致电的人说的是路灯、球场的灯，还是交通信号灯。现在，如果有人使用市民连接应用程序把它拍下来，然后传送给能够了解不同问题之间的差异并负责相关工作的工作人员，我们就可以获得更好、更高质量的服务。”

第一版的市民连接应用程序主要集中在接收居民的投诉上。等到第二版于2010年10月发布时，这款应用程序可以支持人们在地图上查看其他人已提出的并且市政厅已解决的问题。这款应用程序最初的开发目的是响应服务请求和问题举报，但现在又有了一项新功能：提升行政透明度。2013年秋，第三版应用程序发布。每一个版本均接受了大量的测试。

哈佛大学商学院教授迈克尔·诺顿（Michael Norton）发现，那些会对他们采取的行动做出解释的政府获得了市民的信任和提升了市民的满意度。诸多关系都需要信任，这是一项基本原则。学生在给出答案时同时希望，为了得到答案而付出的努力会得到老师的嘉许；达美乐比萨规定员工在公司网站上准确地展示比萨的制作过程，甚至精确到加入意大利辣香肠的时间，以此增加客户的幸福感。同样，向市民“展示你的工作”将提高他们对政府的满意度。米切尔认为：“大多数人并不知道市政厅需要处理大量的事务，因此增加透明度对城市而言会是一项很好的公关行动，因为使用系统的人会发现，‘我发现有50件事将在今天开始处理，但有60件事在今天已经解决了。’”

每一步都简单，轻松连接市政工作人员

2011年年初，连接信息公司发布了针对波士顿公职人员使用的“市民连接应用程序”的理念版本：一款称为“市政工作人员”（City

Worker）的应用程序。就像市民连接应用程序那样，更新后的市政工作人员应用程序将市民请求与波士顿地图上的点相连接，并在手机屏幕上显示出来。此外，市政工作人员应用程序支持工作人员对不断更新的请求做出响应，甚至在现场处理完这些请求。市政工作人员应用程序在改变公共工程部门内部文化方面起到了重要作用。4 年前，许多部门的工作人员反映说，工作中必须使用电脑的规定会让他们产生辞职的想法。现如今他们会觉得，不依靠信息技术就没办法工作。信息技术不仅提高了他们的工作效率，而且扩大了他们在工作中的自由度。

对于以文案工作为基础的工作流程系统来说，手机应用程序的运用是一次巨大的进步。米切尔描述之前使用的静态系统时说："过去需要维修的建议会提交给传统办公室并打印出来，然后将纸质文件交给有关工作人员，之后工作人员会前往现场查看。当工作人员在现场查看情况时，市政厅会收到新的请求。如果请求比较重要，城市调度员就会打电话给待在现场的工作人员，他们通常会外出开展修理工作，当回来时，他们会带着一张纸，上面潦草地写着小小的"×"、检查标记和备注。接下来，市政厅的某个工作人员就会将这些内容输入市民关系管理系统。第二天早上又开始重复前一天的工作流程。"

相比之下，有了市政工作人员应用程序之后，约 200 名波士顿公共工程员工，以及许多公园员工、废弃物管理员和其他市政厅员工，可以在波士顿市民关系管理系统上查看到与工作有关的个性化视图。米切尔解释道："通过市民关系管理系统提出的坑洞、涂鸦等任何请求，都可以在系统协助下自动按顺序排列，等待现场工作人员解决。现在工作人员有了移动设备，要解决的问题立马就可以呈现出来。应用程序上会列出工作人员需要做的事，他们可以浏览照片查看所有细节，还可以对任务重新排序，添加备注。工作人员可以拍照，实时处理请求并关闭这一维修项目。当出现新请求时，他们可以回复说，‘我来处理这个请求，这个请求的位置离我也很近。’此外，他们还可以建立新的维修项目。”

在市民关系管理系统刚刚建立时，公共工程专员乔安妮·马萨罗（Joanne Massaro）花费了一番功夫来说服员工使用它，但在市政工作人员应用程序并入市民关系管理系统的过程中，她发现没有出现之前的阻力。马萨罗说：“我们让应用程序的用户友好性变得越好，市政员工就越容易接受它。”

市政工作人员应用程序具有相当强的用户友好性，因为它是根据员工平时的个人生活习惯而设计的：明晰、简单和易用。米切尔解释道：“市政工作人员应用程序的设计初衷很简单。每一步都很简单，以问题清单的方式呈现，都是可以完成的步骤。点击市政工作人员应用程序，它就会显示：你想要检查它吗？你想要关闭它吗？你想把它分配给其他人吗？如果你选择想分配给其他人，它会继续显示——你想要分配给谁？或者你想要去哪里？如果你输入‘新坑洞’，它就会要求你提供相关信息。”

对于那些曾说过“如果你让我用电脑，我就辞职”这类话的工作人员来说，在工作中使用日常生活中熟悉的智能手机，会让他们觉得舒适自在。因此，公共工程部门轻易地让市政工作人员应用程序成为员工工作和绩效管理必不可少的一部分。根据梅尔的说法，工作管理产生了新的有益的度量标准:“当我们整合市民关系管理系统中的数据时发现，所有东西都可以被数字化，我们开始根据分析员确定的手机案例的数量来测量每一个区域的面积，然后再输入系统，同时输入追踪人员被分配的时限等信息，这样一来，我们便可以管理项目的数量。但这么做的基础是，我们必须有一组绝对准确的核心数据，并且所有工作人员的相关信息必须包含在这些数据中。”

2012 年 2 月，公共工程部门的现场工作人员开始使用市政工作人员应用程序。梅尔说道:“由于这款应用程序的出现，坑洞的修复率显著提高了。政府承诺，只需要两天时间就能修理好坑洞。2011 年 2 月，坑洞维修的达标率仅为 48%，而在 2013 年 1 月，达标率达到了 96%。”

在市政工作人员应用程序的后续版本中，米切尔希望增加为市政工作人员量身定制的实时统计功能，详尽地显示工作人员所在的工作区域和城市绩效的进度。在月末会议召开的前两天，工作人员有时会能量爆发，立马修理好已延期修理的坑洞。工作人员通常会在月末登录软件，看看他们的工作是否按时完成了，但他们查看不到这周内他们的工作处于什么样的进度。因此我们认为，可以通过实时统计功能向他们提供实时信息，生动地展示他们个人和小组的目标达成情况。

同时，计划发布的新版市民连接应用程序会将注意力集中在工作人员与市民之间的协作上。米切尔将第 4 版市政工作人员应用程序描述为迷你版的市民关系管理系统，它不仅有自己的呼叫中心，还可以展示城市工作人员的任务完成情况，并能生成报告。软件面板将支持市民查看社区举报的问题，并向市民发送警告。换言之，第 4 版将实现米切尔所称的“大集成”，可以让工作人员直接与市民就维修问题进行沟通，市民甚至可以直接通过应用程序向工作人员表示感谢。其他城市可以购买这个版本的应用程序证书，然后直接使用，或者进行个性化定制。

自奥茨担任首席信息官以来，波士顿市在数字化变革上取得了巨大进步。苹果手机系统的市民连接应用程序的下载量达上万次，市民的提交请求有成千上万份。多亏了市政工作人员应用程序，公共工程部门的运行效率得到进一步提升。市政工作人员应用程序和市民连接应用程序的开发为公共工程部门收集和积累了大量可靠数据，因此在很大程度上帮助该部门改善了绩效管理工作。在市民连接应用程序出现后，公共工程部门的工作人员变得更加尽职了。

这样的良性循环不仅增强了政府的响应能力，而且还鼓励工作人员积极地解决问题，从而赢得城市繁荣所必需的市民的信任和信心。正如麻省理工学院媒体实验室人类动力学专家阿莱克斯·彭特兰（Alex Pentland）①评论的那样：“越来越多的证据证实，人们之间直接、强烈的接触，以及积极参与的力量，对促进可靠的协同行为至关重要。”[7]

① 阿莱克斯·彭特兰是全球大数据权威、可穿戴设备之父、MIT 人类动力学实验室主任。其经典著作《智慧社会》阐释了大数据如何助力社群经济、如何掘金互联网金融、如何掀起个人健康医疗的革命、如何变革可穿戴设备、如何驱动更具创意的组织。本书已由湛庐文化策划、浙江人民出版社出版。——编者注

梅尼诺市长正是通过调动市民和公职人员参与的积极性来推动波士顿市的数字化变革的。奥茨表示，正是由于开启了这座城市以数字技术为基础的最有趣、最具创新性的服务，尤其是开发市政连接应用程序，市长才真正认可了首席信息官以及新城市技术办公室所发挥的作用。而市政厅的同事之所以信任由韦斯、奥斯古德、雅各布和奥茨组成的核心团队，是因为他们找到了把市长对市民服务的重视转换成数字化工具的途径。

革新不能继续待在“地下室”

奥茨对波士顿市未来的发展方向已经有了大概的想法，包括实现更真实的个性化市民关系管理系统，以及大幅迈向大数据和预测分析的步骤。首先，波士顿市的市民关系管理系统可以协助市政府实施忠实计划，鼓励市民参与解决问题。“与市民之间建立沟通对我们而言，具有重要的意义，”奥茨兴奋地说，“之后我们会做出其他一些尝试，比如，向举报坑洞问题的市民或工作业绩突出的工作人员授予证书、徽章，以认可他们的贡献。”

未来版本的市政连接应用程序还能为市民提供负责某项工作的人员的名字，比如修理路灯的工作人员的名字。这款应用程序可以提供市民与市政府官员合作制订社区计划所需的直观数据，而不仅仅是对专家和官员的通告做出回应。市政连接应用程序是促进市民参与城市管理的开始，与这款程序的技术策略相比，这才是它做出的最重要的贡献。

韦斯非常关注通过市民关系管理系统提高效率和生成有用数据的方式。但他认为，数字技术最大的贡献在于让市民更方便地参与城市治理。“城市面临的最大问题并不是效率问题，”韦斯说道，“而是参与问题，即市政府与市民共享问题。”

对梅尼诺市长来说，市民关系管理系统从技术上强化了他的战略远景：市民关系管理系统已经扩展到支持网站和智能手机登录，即使屏幕上的标记仍显示为“市长服务热线”。在波士顿市政厅工作了25年的交通专员托马斯·廷林表示，他始终对技术替代“人员接触”感到担忧，他说：“梅尼诺市长的脚印遍布这座城市我去过的每一个地方，但我也知道为什么他或者我们会取得这么大的成功，因为我们从不依赖旧有的业务运营模式。”增强后的市民关系管理系统和市政连接应用程序与市长的战略远景相辅相成。

梅尼诺市长的领导力是实现波士顿市数字化治理的必要因素。正如梅尼诺市长所说：“我从未期望当20年的市长。在我的首个任期内，有两篇新闻报道说，我当市长的时间不会超过4年。我虽然长得不英俊、不善言辞，也没有上过好的大学或接受过好的教育，但最起码当了20年的市长，还干得不错。我只是做好了自己的本职工作，这就是原因。”

谈到未来时，梅尼诺市长直截了当地说：“虽然我不知道接下来干什么，但我敢肯定，我之后的生活与跟人们打交道和帮助人们有关。这就是我们在这座城市所做的事，而且也取得了很多成就。”

梅尼诺市长的第5个任期即将届满，首席信息官奥茨准备转而担任马萨诸塞州政府的首席信息官。虽然从传统意义上来说，首席信息官的主要职责是为城市提供数字技术基础设施，但奥茨认为，未来的首席信息官应该作为管理者而不是供应商，首席信息官的主要职责应该是：储存和管理数据；管理云服务；管理手机服务以重新定义政府如何服务市民；鼓励员工使用第三方应用程序而不是专有服务；确保所有的第三方服务足够安全；极其精通与数据有关的一切事物，这也是最重要的一点。

奥茨还认为，数字技术可以向财务和行政管理人员提供与治安、消防和紧急医疗有关的工具，让相关人员掌握更多与资源分配相关的信息。对奥茨来说，这属于数据业务的自然延伸。奥茨拥有在私营企业工作的经历，因此他经常把城市视为一家企业。基于公共安全数据所获得的最新数据，在总体上将会帮助城市做出更好的决策，比如利用数据分析来预测犯罪和火灾风险。奥茨表示，希望这样的数据能积累起来，这样组织就可以做出更好的决策。

奥茨认为，数字化治理已经成为不可阻挡的趋势，越来越多的城市会要求他们的首席信息官成为“伟大的数据管理者”，这些数据包括我们所服务的城市部门做出明智决策所需的数据、来自城市内部的数据以及其他来源的数据。奥茨认为，在实现数字化治理的过程中，首席信息官应该促使城市的行政部门开始重视跨数据，要让它们意识到，如果能获得更多数据，决策会更有效。奥茨表示，虽然现在每个人都在谈论大数据，但在数据的运用上，许多城市还停留在表面。奥茨认为，这些并不是大数据，而是许多差异化的数据。组织获得这些数据，以有趣的方式将其整合，并有效地展示给那些希望借以做出决策的人，这种能力将是至关重要的。奥茨认为，明智的企业会找到管理专业人事的方式，而不是建立和维护非常复杂的系统。

奥茨讲述了他初任市政厅首席信息官时的一个令人警醒的故事。他的部门启动了一个项目，旨在通过流线形框架开发在线业务流程，以帮助波士顿市发布业务许可证和执照。但是，该项目以失败告终。奥茨表示，因为他的团队对参与的城市部门太过言听计从了，这些城市部门希望数字化系统能将它们既有的工作流程数据化和自动化，因此最终以继续采用旧的工作流程而告终。奥茨说："如果这个系统上线，用户就可以在计算机系统中看到所有的流程，也能很清楚地看到我们是如何完成某项业务的。因此，现在是时候把所有的业务流程推翻，重新开始了。"

奥茨觉得，实现工作流程的数字化和自动化对他和他所在的机构来说都是积累相关经验的一个过程。波士顿市利用市政连接应用程序所做的事，也同样适用于企业申请许可证和执照的情况，比如，与外部合伙人合作，找到各种参与途径（包括手机应用程序），开展大量基于用户的测试，并以灵活的方式发布新版本。奥茨表示："所有的组织需要变得更灵活，需要开展更多的可视化的测试。"

毋庸置疑，在实现城市的数字化治理上，我们还有很长一段路要走。城市的管理系统仍和领导者的想象相差甚远。奥茨表示："我们必须找到更好的方法，帮助解决政府自身面临的复杂问题。"

"数据驱动的智能城市"虽然是一个很好的理念，但我们很难从企业的视角实现它。复杂的采购流程导致我们必须对解决方案做出详细的说明，而且常常限制了我们选择合伙人的范围。此外，我们经常会错过跨越管理权限范围开展有效协作的机会。改变政府的唯一途径就是，收集与跨部门协作有关的经验，并使它们发挥更大的作用，这样，我们就能够以比当前更有效的方式在政府管辖范围内共享资源。现如今，单个政府部门仍在试图找出能够实现内部联结的方式，但需求发生了变化，部门的各个部分之间似乎开始互相隔离。因此，我们需要再尝试把它们重新聚在一起。

美国的城市每天都会面临许多小规模的市民健康问题，这些问题正被医疗保健网站 healthcare.gov 发布的内容一点儿一点儿地解决掉。

奥茨说，在不远的将来，城市首席信息官将会担任更多职责，并因满足和匹配职责需求而取得巨大回报。现如今，相比州政府或华盛顿特区，其他城市在管理方面拥有更多的创新理念。奥茨表示："在城市的治理上，我们要具备创新意识，而且必须如此。"

这就是奥茨为什么认为，在公共部门担任与技术和革新有关的领导角色是实现城市治理创新的最好机会的原因。政府目前可通过多种工具让市民参与政府工作，如跨机构数据的可视化、云服务、社交媒体（奥茨将其描述为"我们与市民日常对话的工具"）、移动通信、无所不在的传感器和即将应用于每一个平板设备上的智能系统和显示屏。奥茨表示，技术和革新不再继续待在"地下室"。在谈及当地政府时，奥茨说："它不再待在后院，它就在那儿，在内阁办公桌上，在市长办公室里，在州长办公室里。"

THE 品觉导读
RESPONSIVE CITY

构建智能城市的 8 个重要事项

在人工智能注入到数据驱动之前，数据分析也曾经历过一段平凡无趣的年代。

大家不断地“出售”统计报表给管理层，期望可以帮助业务做出明智的决策。旧式的分析团队期望从有限的数据中找出业务中存在的问题及其原因等，结果管理层总是不为所动。

直到机器学习时代到来，“数据驱动”成为让数据直接参与到行动中的代名词。

在零售业中的无人商店、自主化营销等创新项目上，数据驱动的形式将会无处不在，未来也肯定会被纳入政府的很多服务里。

不过，有一个奇怪的现象，我在工作过的政府、传统企业、互联网企业中发现，政府和公共机构在数据驱动上遇上的瓶颈跟企业几乎如出一辙。

首先，固有的行政架构及组织内部数据化思维的滞后，大大增加了服务实施的时间成本。

其次，对海量数据的治理没有新的技术方案，有质量的数据开发成为瓶颈。

最后，操之过急的数据驱动项目的评估方式抹杀了深层次的创新，例如零售业在获取新客户时除了关注增长效率外，是否应关注客户的终身价值。

智能城市在 GDP 增长的同时是否关注对城市环境的影响，或者贫富差距的现象是否变得更严重，这些都是值得考虑和深思的事情。

为了更直观地了解业务在数据化进程中要关注的事项，我列出了 8 个重要事项供大家参考：

1. 关注决策的过程，加强数据分析能力；
2. 建立数据资源，整理数据标准；
3. 形成管理规范，建设数据管理平台；
4. 建立海量数据的深入分析能力；
5. 建设外部数据的战略储备；
6. 建立数据的外部创新能力；
7. 推动自身数据的开放与共享；
8. 做好数据产业的战略布局。

机器学习做得好坏取决于你要求它优化的东西是什么，而数据驱动最大的挑战是打破人们经常怀有的认知偏见。虽然这些原则说起来容易，但我们必须先做出思维和行为上的改变，再加上良好的数据化部署，才能在这场新的智能革命中取得胜利。

THE RESPONSIVE CITY

02

智慧市民：人人都能参与政府管理

ENGAGING COMMUNITIES THROUGH
DATA-SMART GOVERNANCE

数据驱动智能城市指南 THE RESPONSIVE CITY

1. 数据可以从根本上改变市民与政府之间的关系。市民能拥有真正参与政府管理的权利是一项突破。
2. 如果数字化工具能够在市民和政府之间创建，那么市民不仅可以使用这些工具，还可以开发他们自己的工具，然后在没有政府指导或督促的情况下，与其他人谈论社区的问题。
3. 通过旨在发展市民参与空间来改善人们的生活模式，将鼓励人们以社区形式开展工作。在数字空间，居民可以把他们彼此的想法连接起来，提出想要做的事情，并从真正意义上提高他们彼此之间的政治纽带和政治发言权。
4. 未来，市民将会使用数据和基于数据发展而成的网络化屏幕，获得长久且值得广泛尊重的市民发言权。

假设你现在正在机动车服务管理局里排队办理业务，办事流程极其缓慢，而且办事员没有一点儿亲和力。那么，除了同情你的“难友”外，你还可以做些什么？发牢骚、摇头和翻白眼可能会让你的不满情绪有所发泄，但并不会改变政府提供（或不提供）服务的方式。现在，数字化工具可以为这个古老又熟悉的故事画上句号。虽然可能仍需要排队，但数字化工具可以为你提供类似于波士顿市 311 呼叫中心提出的投诉途径，它们甚至可以为你以及那些和你一起排队的人提供在接受服务后（甚至在接受服务期间）对其做出公开评价的机会。作为消费者，我们相当习惯于提供这类反馈，并从别人的评价里了解服务的真实情况。例如，餐厅消费者一直通过美国最大的点评应用程序 Yelp 这么做，司机也会在开车的全过程中通过全球最大的社区化交通导航应用程序 Waze 实时点评。尽管如此，作为居住在华盛顿特区以外地区的市民，我们还没有过这样的体验。

华盛顿特区实施了名为“Grade.DC.gov”的计划，因此市民可以对10个以上的市机关、311和911呼叫中心所提供的服务进行即时的质量评价。“Grade.DC.gov”计划由华盛顿特区政府与一家叫作新品牌分析（New Brand Analytics）的技术公司于2012年6月合作发布，主要用于通过网站或短信的形式收集和接收市民评分与无限制的评论。该系统还利用Facebook、Yelp、Twitter和博客收集与城市服务有关的意见。最后利用算法对数据进行量化和整合，随之生成综合评分等级。简而言之，这个项目是一项突破性的创举，它将政府的注意力集中到了服务质量上。从管理方面来说，利用这类数据可以从根本上改变市民与政府之间的关系。在波士顿，那些通过传统311呼叫中心反映问题的市民会感觉他们是在抱怨，但通过手机应用程序反映同类型问题的市民会感觉他们是在帮助社区。

对很多人来说，市民能拥有真正参与政府管理的权利是一项突破。

当然，华盛顿特区实施的“Grade.DC.gov”计划还存在改进空间。比如，受访者人数相对较少，而这会导致评价结果发生偏差。以华盛顿特区为例，作为一个拥有将近60万人口的城市，华盛顿特区运输部门由于仅收到242份审核结果被授予了A级评级。但是，根据文森特·格雷（Vincent Gray）市长和负责上述系统工作的职员的说法，即使在早期阶段，关于“Grade.DC.gov”计划的等级和评论仍促进了政府管理的变化。例如，一些爱抱怨的机动车服务管理局的职员已被调往不需要与公众开展互动的工作岗位。格雷市长对此表示欣慰。正如他在2013年7月发行的《华盛顿邮报》上所说：“能够成为全新的、满怀真诚的、差异化服务的新事物的一部分令人感到兴奋”[1]。

在波士顿，市政连接应用程序扩展了市民和市政厅之间已有的沟通渠道：市长服务热线。Grade.DC.gov 计划将走得更远：它为政府提供了向居民做出响应的新形式。这两种渠道都是由政府启动的。如果数字化工具能够在市民和政府之间创建，那么市民不仅可以使用这些工具，还可以开发他们自己的工具，然后在没有政府指导或督促的情况下，与其他人谈论社区的问题。市民需要在市民内部发展市民关系，由此形成一个有能力设定目标并享有发言权的具有凝聚力的社区，并且这一社区有时能够在实质上就相关变革与市政厅进行沟通。

从城市建立到现在，具有凝聚力的声音来自市民之间的对话，而不是来自政府发起并定义的沟通中。数字化平台还可以促进市民与市民之间的关系。正如我们看到的那样，数字领域正在开发工具，用以改善下面这些地区市民之间的沟通情况：芝加哥街道、里约热内卢贫民窟、布鲁克林的街区、得克萨斯州奥斯汀的郊区以及印度金奈贫民区。

连接芝加哥，构建参与型社区生态

丹尼尔·奥尼尔（Daniel O’Neil）希望利用数字化工具给那些不在传统市政府管理版图上的人群以发言权。他说：“如果你不在社会网络中，那么你就是无形的，虽然你不在意，但其他人在意。这意味着所有人必须出现在社会网络中，而不只是出现在互联网上。所有人都应该认识到这件事情的重要性。”奥尼尔留着刺猬头发型，表现得无所畏惧，对所有事情都能进行理智解析。他经营着芝加哥智能合作社（Smart Chicago Collaborative，其详情见第 4 章）。这是一家市民合作社机构，由芝加哥市、麦克阿瑟基金会和芝加哥社区信托共同创办，主要致力于通过技术改善芝加哥市民的生活水平。

芝加哥智能合作社的工作围绕三个目标展开：提高互联网接入率、提高利用技术的能力，以及扩展数据应用在改善生活方面的革新性使用。围绕上述目标，芝加哥智能合作社通过管理由其公共慈善母机构制订的计划和资助的资金开展工作。其中一项杰出举措就是“连接芝加哥”（Connect Chicago）计划，该计划将免费提供计算机使用服务的 250 多个地点统一起来形成网络。通过管理“联邦宽带技术机会计划”提供的资金，芝加哥智能合作社对计算机和相关设施进行了升级，并对芝加哥市的计算机培训课程上线事项实施管理。“连接芝加哥”计划在超过 250 个地点实施，其中在 195 个地点提供培训，并且在联通数字化设备方面取得了进步。另一项计划“市民的夏天”（Civic Summer），旨在指导青少年如何使用数字化工具，并精通于利用数字技术、社交媒体和市民革新。

作为执行董事，奥尼尔并不害怕分享芝加哥智能合作社的使命和哲学。他表示：“最重要的是，我们应该坦率地对待芝加哥及其他地区的所有人，并包容他们，虽然我们支持那些通过技术帮助人们的组织，但我们并不是这些组织的资助者。我们是工作人员，是实践者，是发起人。”

芝加哥智能合作社是芝加哥取得首个成功的数字组织背后的推手。通过与西南组织工程公司（Southwest Organizing Project，简称SWOP）和一家初创公司本地数据公司（Local Data）展开合作，芝加哥智能合作社设计了一个旨在绘制和报告位于芝加哥西南部建筑中发生危险状况的数字化系统，目的在于促使芝加哥市政府关注这些建筑的翻新需求。该系统实施后，新的房屋不断出现，街区恢复了活力，而危房则被适宜于居住的新房所取代。

自1996年成立以来，西南组织工程公司一直在以陈旧的方式进行上述工作，以促使家庭成员发挥共同价值，规划未来，并建立社区联系以改善他们街区的生活状况。西南组织工程公司成员带着纸和笔，一边在芝加哥西南部地区四处走访，一边记录空置和废弃的建筑物。之后，他们会将数据输入Excel表格，利用协作软件Microsoft Planner把信息绘制在地图上，以便展示给其他成员。总而言之，这是一个笨拙的系统。

将这个数字化系统项目引入芝加哥市数字化治理的范畴是本地数据公司的功劳，本地数据公司是由奈特基金会和公共服务组织美国代码（Code for America）支持成立的市民初创公司。本地数据公司在芝加哥现有的地理数据基础上开发了一款支持社区组织者进行数据收集和编制街区数据，并以直观方式对这些数据进行展现的手机应用程序。西南组织工程公司以及奥尼尔的团队意识到，他们可以使用这个应用程序实现被忽视的建筑追踪流程的数字化。本地数据公司授权芝加哥智能合作社将软件提供给西南组织工程公司，并确保西南组织工程公司获得技术支持、无限制的托管数据和支持不限数量的用户使用。

使用多个操作软件，提交纸质记录，然后等待结果的时代已经过去。现在，西南组织工程公司的成员可以利用他们的手机拍下问题建筑的照片，自动将这些照片与其地理编码位置相关联，然后以可被芝加哥 311 呼叫中心兼容的格式输出数据。当西南组织工程公司的成员看到已经开始倒塌或窗户破损的危险建筑时，他们会标记相应的位置，再将服务请求发送给 311 呼叫中心，之后就可以确认这些信息将实时传输给城市。

这并不仅仅是西南组织工程公司的一大进步，也是为市政府带来的一项福利。毕竟，大多数与建筑问题有关的城市数据来源于投诉和服务请求。美国代码组织在芝加哥地区的“沟通主管”克里斯托弗·惠特克（Christopher Whitaker）表示，之前，被忽略的危房不会出现在相应的雷达上，这个小小的技术进步将鼓励芝加哥市政府及市民以各种方式发展相关潜力。

在空置建筑的问题上，数字化系统扩大了社区的发言权。对居民而言，这些空置建筑就像街区建筑物中存在的参差不齐的破洞，但它们并不被列为城市首要的工作重点。数字技术作为链接的渠道，能迅速捕捉问题并提供更早并且更有效的干涉。同时，它还会向城市施压，促使那些始终处于满负荷工作状态下的城市数据检查团队提高对资源的要求。而且，更为重要的是，城市市政府通过收集的图片和投诉会做出更好的决策。

更及时的报告和社会发言权的扩大，同样推动了更加合理的城市内部投诉处理流程。数字技术也完善了沟通反馈的闭环：西南组织工程公司能够在网站上查看与这些建筑有关的服务请求状态，因为311呼叫中心的反馈系统与组织自身的运营情况互通信息。结果就是，有组织的市民与初创公司的独创性和当地数据以灵活有效的方式相结合。市民可以利用本地数据公司开发的应用程序表达他们的观点，并让其他人了解自己的观点。

社区地图绘制作为一种参与方法拥有悠久的历史，而技术生成动态互动地图的潜力将会进一步改进这种方法。大家普遍认为，芝加哥这座快速响应型城市所呈现出来的特点是，它采用了强大的市民生态系统，汇聚公共部门、企业、非营利性和慈善机构，确保新信息和技术惠及所有居民。麦克阿瑟基金会美国项目的副总裁茱莉亚·史黛西（Julia Stasch）回忆道："在芝加哥，我们意识到，为了充分发挥数字技术在加快实现社会部门目标方面的潜力，包括改善居民的健康和教育状况、提高市民参与度、加快经济发展、打击暴力行为，社会部门需要拥有专业知识和领导力，并且能够将注意力持久集中在迅速发展的市民技术领域。任何一个单一组织均不具备这种能力，因此我们决定与芝加哥社区信托和芝加哥市一同发展这种能力。这就是芝加哥智能合作社的起源。"麦克阿瑟基金会社区与经济发展计划官员阿莱纳·哈克尼斯（Alaina Harkness）补充道："从一开始，芝加哥智能合作社就已被证实将会成为提高数据基础设施的重要力量。它是催化剂、'发起人’和‘分析者’，它将各个部门和社区不同的参与者提供的好作品汇聚起来，然后展示并放大。最重要的是，基于芝加哥智能合作社提供的洞察力和专业知识，以及通过参与服务的社区所获得的经验，芝加哥智能合作社促使慈善的投资更智能。”

里约贫民窟里的“数字市场”，每个人都是社区积极分子

环绕里约热内卢陡坡的棚户区是一片贫民窟，里面居住了 130 万居民；里约热内卢共有 630 万人。站在维迪加尔贫民窟，人们可以俯瞰莱伯伦和伊帕内玛海滩。这个贫民窟里有两位年轻的哈佛毕业生，他们决定以实用和数字行动主义的形式为居民设计、建造旨在鼓励市民参与的空间。佩德罗·亨里克·德克里斯多（Pedro Henrique De Cristo）拥有开朗又令人着迷的笑容，是巴西第三大贫困州帕拉伊巴第一个就读于哈佛大学的学生。他的妻子卡罗琳·香农·德克里斯多（Caroline Shannon De Cristo）是哈佛设计研究所的优秀毕业生，拥有清澈敏锐的眼睛和金棕色的头发。他们搬进了位于维迪加尔的一个两居室房子。

他俩正为建造“数字空间”计划奋斗着，这是一个市民可围绕他们的社区采取有关行动并开展数据相关工作的公共空间。这对夫妇希望每一个贫民区和街区都能拥有自己的“现实数字空间”，在这个空间里，邻居们可以见到彼此，使用 3D 打印机和激光切割机，甚至编写软件。德克里斯多表示：“我们的目标就是实施具有影响力的干预，并把在这里取得的成功经验应用到城市的其他区域。”有些数字空间可

能会是临时搭建的大帐篷，或者是永久性的建筑物，并且会被划分成不同的房间以做不同的用途。这对夫妇希望所有这些数字空间处于社区的中心位置，并通过千兆位互联网接入提供服务。这就是他们的愿望，他们还有很长的一段路要走。

香农表示，在贫民区，通过互联网获取信息与在任何其他社区一样，正变得越来越重要，然而贫民区的居民对上网这个问题表现得十分犹豫。德克里斯多说道："主要问题在于连通性，我们如何改善用于连接这些人的基础设施和服务，让这些人更容易地开展工作并实现互联网接入。"这对夫妇表示，仅互联网接入就能够大大改善人们的生活，而通过旨在发展市民参与空间来改善人们的生活的模式，将鼓励那些人以社区形式一起开展工作。德克里斯多表示，在数字空间，居民可以把他们彼此的想法连接起来，提出他们想要做的事情，并从真正意义上加强他们之间的政治纽带和提高政治发言权。当然，当人们被这种体验所感动并逐渐成为积极分子时，他们需要的数字化工具就会出现。

这对夫妇表示，这样的数字行动主义可能会帮助贫民窟出现在里约热内卢的地图上。以前，贫民窟是不出现在地图上的。数字空间可能会成为一种手段，利用这种手段，居民可以利用短信服务、全球定位系统，以及可以把他们的社区准确地绘制在地图上的手机应用程序以实施项目规划。此外，数字空间还可以作为居民在面对市政议题召集意见时以强有力并且明智的方式开展互动的手段。例如，居民可以针对里约热内卢政府规划的维迪加尔及其附近的 Rocinha 缆车线路，以及开发的贫民窟的污水系统发表意见。德克里斯多和香农希望贫民窟居民将数字空间作为与这些项目有关的便利且受欢迎的信息中心，以及动员知情居民向政府施压、促使政府兑现承诺的手段。

事实上，香农和德克里斯多之所以选择维迪加尔作为他们首个数字空间（以及他们自己的家）的所在地，准确来说是因为在里约热内卢的社区有强烈的市民行动主义传统。他们的概念设计和结构构建工作主要由私营部门提供赞助。一旦当地社区和私营部门的实践证明了他们的想法，他们就打算让市政厅接管相关数字空间。他们对所处的时间点感到很乐观：2014 年世界杯以及 2016 年的奥运会都是在里约热内卢举办，因此里约热内卢具有充足的资源。这个城市很清楚它即将在几年内登上世界舞台。2013 年，爱德瓦尔多·帕斯（Eduardo Paes）市长接替迈克尔·布隆伯格成为大城市气候领导联盟的主席。当里约热内卢笼罩在聚光灯下时，香农和德克里斯多表示，应该让世界知道里约热内卢正在帮助它的贫民窟居民，并让居民意识到自己的社区发言权排在优先地位，这会是一件有趣的事情。尽管这对夫妇决定独立实施这个计划，但他们仍需要市长的支持，并批准将维迪加尔作为首个数字空间。

毫无疑问，这对维迪加尔是一个挑战。虽然维迪加尔有行动主义传统和壮观的景色，但它长期以来被暴力和毒品买卖所困扰。因此，这里并不是部署数字化工具和推广市民参与决策流程的最容易的社区。这个挑战是香农和德克里斯多开展项目的重要一环。到 2050 年，世界人口的 1/3 将生活在贫民区。如果数字化工具成为全球城市管理的有效组成部分，那么，他们必然要使包括贫民在内的所有城市居民受益。

香农和德克里斯多自下而上的工作与城市自上而下的运营中心产生了有趣的互动，运营中心的屏幕上显示了下面这些信息：560 部摄像头、天气预报系统和通过位于城市各个地区的传感器收集的多层数据。在努力构建数字空间的同时，这对夫妇还将这个概念应用到现有的 Sitiê 生态公园中。Sitiê 生态公园之前是 16 吨垃圾的堆积场，是他们和社区一起把它改造成这个城市首个农林生态公园和全球公共空间，成为城市一体化与可持续性的参考模板。这对夫妇的最终目标是：为市民提供参与决策流程的途径。时间会证明一切。

纽约“596 英亩”，这块土地属于你

在摩天大楼林立的纽约，仍然拥有许多未被充分利用或空置的土地，而且大部分由市政府拥有。例如，2011 年，市规划部门报道称，仅在布鲁克林区，纽约市政府就掌控了 596 处空置地块。律师保拉·西格尔（Paula Z. Segal）还发现他所在的街区就有一块纽约市最大的空置地块。纽约将该地块作为一项大型公共工程项目的一部分而接管，这一项目于 1970 年开始施工，其目的在于建造隧道，将水从纽约北部的水库引进。在过去的 10 年间，西格尔发现虽然市政府承诺让社区使用空置地块，但实际上并没有兑现承诺。市机关经常被他们自己的条例、要求以及有限的资源所限制，因此，空置土地的管理事宜是一项极难实施的工作。

西格尔决定改变这种现状，因此和程序员埃里克·布雷斯福德

（Eric Brelsford）一起组建了社区团体，专门负责利用城市拥有的空置土地。为了向提供这些土地的布鲁克林区致敬，他们将这个社区团体命名为“596 英亩”（596 Acres）。

> “596 英亩”[1]社区团体查看了与布鲁克林地块有关的公开数据，并发现这些数据存在错误。例如，正如西格尔在 2013 年告诉美国国民饮食记者阿德里·安斯勒塞－迈耶（Adrien Schless-Meier），许多存在已久的社区花园被归类为空置地块。[2]其中一些地块的错误单纯是由测量员失误造成的。“596 英亩”社区团队清理了数据，删除了社区花园并补充了未被列举出来的空置地块。之后，他们通过卫星地图和谷歌街景地图查看了信息，确保每一个地块与其之前的报告相符。“596 英亩”社区团队会继续更新数据。有时，市民会写信提出纠正地图的请求或报告地图信息变化（人们在注册“596 英亩”社区网站 596acres.org 后，可以查看现场特定地块）。有时，“596 英亩”社区团体会去研究与特定地块历史有关的新信息。

“596 英亩”社区团体网站成为纽约空置土地领域的大数据库，它的效果极佳，并附带绘制了位于布鲁克林、曼哈顿、皇后区和布朗克斯的公共闲置地块的地图。该地图与谷歌街景合并，因此通过查找特定地址附近的空置地块，用户便可以查看周边的环境。过滤功能将支持用户查看某个地址附近的所有公共空置地块或成为机构项目用地的公共空置地块。点击特定公共空置地块即可查看与该地块有关的详情，其中包括：所在位置、负责的市机关以及可能正在使用该土地的社区团体。再次点击即可连接至与该地块有关的网页，用户可以在网页中设置警告，以便有关人士补充与该地块有关的信息时，用户会收到电子邮件。此外，用户还可以就联系市机关查看地块或采取其他行动等事项补充相关备注。

和许多其他成功的数字行动主义项目一样，“596 英亩”社区团体网站将提供公共空置地块的有关信息，而且比社会活动家独自获得的更准确、更全面，还可以将关心这些信息的其他人汇聚起来。“596 英亩”社区团体的活动范围并不只局限于网络，它还通过在地块所在位置张贴标志来传播相关信息。以“这块土地属于你”为标题的一段文字，提供了与地块所在街区和地块编号有关的信息，以及负责相应公共空置空间的市机关联系方式和“596 英亩”社区团体网址。数十年来，一直对空置土地感到忧心忡忡的居民现在终于有了行动指南。

“596 英亩”社区团体已经开展了由社区推动的 100 多项活动，这些活动与市机关合作，为社区使用者发放土地使用执照，以有效利用空置土地。开展的大约 20 项活动促使空置土地转变为社区拥有的空间。“596 英亩”社区团体背后松散的行动主义者联盟以各种方式帮助社区组织者，向他们介绍使用土地的相关流程，并且一步步帮助他们完成各项步骤。市政府偶尔会予以配合。

市机关经常乐意通过在线授予土地使用权。事实上，市行政服务部门有义务维护与该市拥有和租赁财产有关的数据库，并且应该时刻关注哪些财产适合社区使用。“596 英亩”社区团体从不缺乏数据，他们将西南组织工程公司为芝加哥市设计的应用模型应用在纽约，确保空置地块符合实际需求和现实情况。其他城市的市民也满腔热情地采纳了“596 英亩”社区团体的想法，分别在费城、洛杉矶和新奥尔良建立了“接地”（Grounded）、“开放英亩”（Open Acres）和“土地块”（Living Lots）社区团体。此外，“596 英亩”社区团体开始与土地拥有者展开合作，试图挖掘更多的数据。

数据共享，奥斯汀社区实现自我管理

虽然提高社区市民的话语权常被认为是各地的本地化项目，但某个城市获得的理念、工具和实际经验可推动其他城市采取相关行动。美国城市研究所都市住房和社区政策中心高级助理研究员凯瑟琳·佩蒂特（Kathryn Pettit）正致力于成功策略的宣传工作。佩蒂特有着一双明亮的眼睛，性格活泼开朗，是全美社区关系组织（National Neighborhood Indicators Partnership，简称 NNIP）的联席董事。她的工作就是为美国境内 30 多个城市转化当地数据，为社区创造无价的长期资源的全美社区关系组织提供支持。该组织的任务是在制定政策和构建社区过程中帮助当地人使用街区的信息。虽然佩蒂特表示，真正的工作是由全美社区关系组织完成的，她只负责沟通，但她也承认，自己是网络连接中的关键节点，确保在某个地方获得的经验可以帮助其他城市解决问题。数字行动主义的特征之一是，项目经常会朝着出人意料的新方向发展。

全美社区关系组织在当地的合作伙伴儿童最佳健康组织（Children's Optimal Health，简称 COH）的故事就是一个例子。儿童最佳健康组织由多个组织以非正式合作社的形式于 2006 年在得克萨斯州奥斯汀成立，主要目的在于分享该地区儿童的健康状况信息。在两大医院网络、城市、县和奥斯汀学区的领导下，合作方之间很快组成了组织机构。儿童最佳健康组织帮助奥斯汀学区获得从事行为健康医学和反麻醉品业务所需的联邦许可，以及为奥斯汀学区的儿童提供安全步行到校的解决方案。这些合作社的首个任务就是鼓励合作社内的机构（包括学区）共享相关数据，由儿童最佳健康组织作为数据管家，而上述组织仍保留对数据的所有权。儿童最佳健康组织的工作人员致力于发展与数据合伙人，包括法律工作人员和主要数据管理员之间长久的信任关系。

2009 年，儿童最佳健康组织获得了联邦非营利性组织的资格认证。但在此之前，儿童最佳健康组织的第一个项目是通过关注街区层面的数据，以帮助解决儿童肥胖问题。所有人都认为，当地儿童的下列健康问题非常重要：40% 的四年级学生出现了超重情况，23% 的学生出现了肥胖问题。儿童最佳健康组织与奥斯汀独立学区、得克萨斯大学奥斯汀分校、得克萨斯大学休斯顿公共卫生学院、西顿家庭医院（Seton Family of Hospital）、圣·戴维医院（St. David's Hospital），以及其他近 50 位公共、私人和非营利性社区之间展开合作，在数据驱动下共同开展应对肥胖之战。

得克萨斯州法律规定，在校儿童的身体质量指数和身体健康应由学校负责测量。在佩蒂特看来，这真是个“不可思议的进步”。儿童最佳健康组织与10多家得克萨斯州教育和健康团体达成了数据共享协议，根据该协议，儿童最佳健康组织需要将注意力优先放在帮助合作者清理数据上。为了确保数据的质量，儿童最佳健康组织通过统计和分析数据，得出奥斯汀学区的儿童从哪里出发前往学校、他们住在哪里等信息，并与其他相关数据相整合。在了解儿童所在位置的基础上获得的直观化的数据结果，有助于提出并回答以下问题：公园、快餐店、绿色休闲空间、售卖生鲜农产品的杂货店以及运输中心在哪里？公共机构和私营组织的位置和特定街区和街道呈现的基于社会经济及种族/族群划分的犯罪率，与现有健康服务情况有什么关系？

儿童最佳健康组织提供的精确而详细的地图显示，奥斯汀市的所有中学都普遍存在学生肥胖问题，在某些区域这一问题显得更为集中。基于儿童最佳健康组织与学区订立的数据共享协议，该地图还可以提供与学生所居住的街区有关的信息。在奥斯汀市中心外的两个街区，学生体重超重和肥胖问题尤其严重。该地图同时表明，这些街区拥有更多的快餐店。儿童最佳健康组织发布的“热力图”显示了某些特定街区体重超重和肥胖儿童的数量、学生所占肥胖人群的比例以及比例失调的影响。

接下来，儿童最佳健康组织计划召集合作方召开社区峰会，共同寻找解决方案。儿童最佳健康组织与颇具远见的奥斯汀校区之间的友好关系有助于实现这一计划。选定的政府高级职员、宗教组织、健康及社会服务提供商、研究院和校区代表于2009年11月会面，共同商讨构建更健康的学校、开展更多体育活动以及改善食品供应等问题。

在此次峰会上，与会人员讨论了造成肥胖问题的原因，并开展了一系列互动。正如佩蒂特所说，这些商讨“有数据的真正参与”。

是否进行学校层面的干涉由学校自行选择，比如，学生是否应该参与更多的体能训练，学校午餐的营养情况如何，自动售货机里有哪些商品。学校的外部合作方的参与将有助于提供更具创新性和革命性的洞见。佩蒂特表示，儿童最佳健康组织解决肥胖问题的项目最明智的部分在于，它意识到在社区层面干预的必要性。将儿童居住位置、各街区的肥胖率、分布在周围的安全街道和快餐店等信息绘制成地图，有利于思考这些因素对儿童的生活产生的诸多影响，无论是犯罪压力还是快餐的可获得性等产生的影响。

把注意力全部集中在直观展示数据的地图上，将有助于推动所有团体以有效的方式解决问题。同时，将更多注意力集中在直观可视化的数据上有利于减少辞藻和情绪对注意力的影响。正如芝加哥智能合作社的丹尼尔·奥尼尔所说的那样，他的团体能够通过将注意力集中在屏幕上，以“非热切”、带有较少情绪的方式与人们谈论不同的话题，例如前往学校的安全通道等。将注意力集中在共享界面上能大大地缓解激动的情绪。因为地图的特征之一就在于，它能够跨越文化、机构和语言障碍，这也让它成为有效的沟通工具。

儿童最佳健康组织的活动正是基于上述真实的趋势之上的。在社区峰会结束后，迈克尔和苏珊·戴尔基金会（Michael and Susan Dell Foundation）投资了奥斯汀肥胖问题比较严重的两个街区。这次慈善投资促使关于健康的学术研究成果与具体实践结合起来，这有助于校区扩展中学体育教育计划。

最近几年，学生的心血管健康问题一直颇受关注，尤其在这个问题比较严重的地区。这促使其他学校，包括那些位于郊区的学校，开始关注奥斯汀在解决肥胖问题时分析并共享数据的实践。不过，肥胖问题并不只局限于市中心。作为一位负责任的研究员，佩蒂特表现得十分谨慎:“这真是一个棘手的问题。看到数据并不代表两年后肥胖就不再成为问题了。”

佩蒂特不是在寻找万能灵药，她持有更长远的观点：儿童最佳健康组织项目是在稳健地建立社区数据实用机制，这是数据管理能力方面的一大进步。她表示，应该鼓励人们做一些事情，从而认识到肥胖确实是一个问题。解决肥胖问题的项目就是一个从干预和寻找最佳解决方案入手，追踪相关进展的很好的例子。利用数据解决问题的能力可以用于解决许多问题。佩蒂特认为:“既然社区愿意使用数据解决儿童福利的问题，那也可以采用同样的方式解决其他问题，例如，幼儿过渡到幼儿园阶段出现的相关问题或儿童长期旷课问题。以数据作为工具来解决问题的能力是非常强大的，而认同该能力的人也令人钦佩。但我不得不说，很不幸，这样的能力尚未得到普及。”

佩蒂特经常通过面对面交流，在全美帮助资管机构合伙人以及当地组织。她表示，鼓励人们探讨新话题，分享新的数据方法。在她看来，形成这样的同业网络极其重要，因为在网络中分享与肥胖等特定话题有关的想法能产生立竿见影的好处。包括儿童最佳健康组织的苏珊·米勒（Susan Millea）和莫汉·饶（Mohan Rao）在内的很多资管机构合伙人花费宝贵的时间讲述了与解决肥胖问题相关的故事，因为他们相信这些故事会对其他领域的合伙人产生助益。佩蒂特认为接下来要做的事就是，真正地彼此推动，让实践变得更高效，寻找更好的组织数据、共享数据和行动的途径。当地以数据为驱动的社会活动家通常在他们所在的社区找不到同伴，所以，如果能和同行分享最佳实践经验，并互相学习，将对他们的工作产生重大影响。

佩蒂特发现，这些鼓舞人心的故事能促使人们关注周围社区面临的问题，并借助数字技术的力量解决它们。许多人正致力于开展令人震惊的工作，并真正融入社区中去，寻找帮助社区的途径。他们努力利用数字技术来改善低收入街区的状况。如果资管机构没有明确地将注意力集中在市民共享数据上，这些问题不可能被解决。因为数据分析人员很容易忽略低收入的街区。

绘制数据地图，合理规划金奈贫民区人口

印度金奈的贫民区就属于那种容易被忽略的地方。事实上，印度政府对这些贫民区或居住在那里的人的情况知之甚少，直到最近这一情况才有所好转。即使在现在，大家还不确定印度贫民区的居民究竟是有4 400万人还是6 500万人。导致不确定的原因之一在于，市政府将印度境内的贫民区划分成被政府认定的贫民区和未被认定的贫民区。政府会向认定的贫民区提供并维持基本的服务，并将这些贫民区的居民统计在全国人口中。未被认定的贫民区则很难获得这些福利。从政府提供服务的数据来看，未被认定的贫民区从政府获得的福利和它们本

身的收入都少之又少。

于2010年成立的非政府组织透明金奈（Transparent Chennai）认为，数据的缺乏导致决策制定者逃避责任。与本章所述的其他案例一样，绘制相应的数据地图有助于解决金奈贫民区的问题。

“数据地图是一种强有力的工具，”透明金奈组织的董事尼斯亚·拉曼（Nithya Raman）告诉《福布斯》杂志说，“数据地图能反映出城市面临的问题，还有助于了解城市居民的居住体验及其居住情况。对于像金奈和印度其他城市中被低估和忽视的城市贫困人口而言，数据地图提供了挑战官方记录的机会。”[3] 透明金奈组织的最终目的是改善城市贫民区居民的生活状况，尤其是以下这些问题：金奈有460万居民，但仅有714个公共厕所，这意味着6 442个人需共用一个厕所，远超出国家城市环境卫生政策设定的60个人共用一个厕所的限制。

透明金奈组织曾被称为“数据地图主义者的集合体”，它最初以纸和笔作为辅助工具来开展工作，为志愿者提供打印的谷歌地图，并对不同城市地段的地图进行标记。之后，它将数据输入计算机，形成能够显示贫民区居民可获得的服务和基本便利设施的主地图。目前，透明金奈组织通过使用开源工具收集数据，用来制作与公共厕所、水供应、垃圾收集（或缺乏垃圾收集）和污水设施有关的互动地图，最终完成了迈向数字化治理的过渡。透明金奈组织会质疑政府提供的数据，在确定无误后再纳入地图中，由此希望加强市民对权益的诉求。透明金奈组织同时发布了英语和坦米尔语版本的报告，以促进政府做出响应，并鼓励社区成员参与当地政府官员召开的会议。

正如儿童最佳健康组织在奥斯汀所发现的那样，透明金奈组织发现相比于图表上的数据，政客对数据地图的反响更好。尼斯亚·拉曼告诉《福布斯》杂志："起初，数据地图主要用于确认被疏忽的问题，后来成为质疑该问题的依据。在绘制的数据地图上，如果我们发现了需要修理的水龙头和厕所，就会促使政府提供比以前更好的卫生环境，垃圾当然也会被清理，我们甚至发现，那些数十年未被处理的大型垃圾堆竟然被清理干净了。"

市民话语权的未来

在利用数据来了解和掌握城市的脏乱问题方面，底特律市和巴尔的摩市是美国的引领者。底特律市的工作小组在 14 周内派遣了全市 200 多位市民利用数字技术对全市将近 40 万份不动产开展调查，他们通过手机来分享调查发现的有关详细数据。巴尔的摩市的市长史蒂芬妮·罗林斯－布雷克（Stephanie Rawlings-Blake）启动了"空价值"（Vacants to Value）计划，旨在根据详细、多层级、与城市不动产有关的整合数据，为整座城市的街区规划提供整体解决方案。

借助数字技术，市民对城市问题展开的交流以及市民与市政厅之间的交流将会变多，并带来更多的价值。市民起初通过短信或电子邮件向市政厅发送服务请求，之后逐渐演变成使用智能手机应用程序发送带有地理标记的图像和文本。但仅仅探索如何更有效地向市政厅投诉并不能将社区的参与度引领到极致，使用数字技术提高社区独立发言权的计划还处于早期实施阶段。

本章讲述的案例仅仅是一些初步实验。西南组织工程公司、本地数据公司和芝加哥智能合作社已经发现了将社区成员输入的数据利用到城市具体问题上的途径；位于里约热内卢的佩德罗·亨里克·德克里斯多和卡罗琳·香农·德克里斯多希望提供线下会议地点，促进市民参与管理；“596 英亩”社区团体正推进社区团体根据公共数据展开行动并推动组织做出有关努力；透明金奈组织正使用数据地图推动政府关注未备案人口。

找出这些组织的共性是一件非常容易的事情，就算那些碰巧在路边等红绿灯的人之间都会存在共性。不过，如果要产生真正的影响力，团体必须获取无法被忽视的集体发言权。

未来，市民将会使用数据和基于数据发展而成的网络化屏幕，获得长久且值得广泛尊重的市民发言权。我们希望这样的时刻很快会来到。当市民成为具有凝聚力的实体，而不是站在街角等待红绿灯的人群时，他们会更有效地使用数据为那些能让城市生活变得更美好的变化付出努力。

是什么让团体变成一个值得尊敬的实体？第一个因素就是记忆，即对过去做出集中反应和将共有身份的意识引入未来的能力。第二个因素是意图性或对实施特定计划的兴趣。第三个必要因素就是向不同个体分配角色的能力，比如哪些人负责代表团体发言，哪些人负责管理团队或者保存账簿。如果对应的职责是固定不变的，那么团体可能会具有凝聚力并持续存在，即使这些职位由不同的人填补。所有这些因素，如集中记忆、长期计划的执行、角色组织，应通过市民软件予以实施，并进一步明确社区发言权。正如我们在第 3 章描述的那样，响应型城市能够对更明确的发言权做出更好的响应。

市民软件还可以解决团队在沟通上存在的问题，比如因团体的规模而产生的沟通问题。经调查发现，人数在 12 人左右的团体完成工作的效率最高。成员人数在 12 人左右的小组往往拥有多个便于沟通的渠道，比如通过聚会直接交流。如果团体人数较多，成员很可能会陷入一对多的讲话模式。这在演讲情境下自然是适合的，但在向社区收集信息并促使成员寻找解决方案的情境下显然不那么有效。

社会科学家告诉我们，每个人可能会了解大约 150 个真心朋友的情况，然而大多数人并没有与超过 150 个人保持密切关系的能力。上述 12 人的团队和 150 人规则均指向了同一个教训：社区团体需要以较小的规模开展工作，同时彼此之间进行合并，形成更大规模的一致发言权。软件可能会帮助解决这一问题，它在帮助人们将注意力集中在解决当地问题的同时，还帮助他们扩大规模，在所在社区或其他社区寻找合伙人。

想象一下，市民软件会帮助规模更小的街区团体完成工作、分配角色并追踪他们的集体记忆和对未来的集体愿景，再想象一下，这款软件将在一切准备就绪时帮助规模较小的团体合并成更大的团体。这种市民软件将会让市民获得新类型的、真实的、独立的、数字化的发言权。我们认为这样的软件一定会出现，驱动力就是政府和独立开发数据的市民提供的数据。有效的市民发言权将带来更具响应力的政府。由这种响应力产生的信任将让市民发言权更具建设性，并对每个人产生更长久的影响。

THE RESPONSIVE CITY 品觉导读

智能城市，关乎每个人的生活品质

从表面来看，虽然智能城市跟普罗大众的距离有些遥远，但每当我在不同城市的会议中讨论这个话题时，却发觉这应该是一项全民参与的事情。智能城市绝非单一的技术项目，而是关乎城市生活质量的重大改革，例如，虽然眼下中国经济持续成长，城镇化步伐不断推进，但也为城市的人口、环境、治安、交通等带了来诸多挑战。

根据 2017 年世界城市人口排名，日本东京以 4 200 万人位居第一，据说这个数字还有机会增长到 7 000 万。要为这样一个城市建立决策系统绝对不简单，比起企业的商业智能更为复杂，影响也更为深远。城市是一个复杂系统，各种因素相互关联，每一个决策都会影响千万人的生活。

在传统的管理体制下，决策的本质是把所有信息集中到决策者手上，决策者希望从信息中找出问题所在、严重程度、解决办法、有效方案等因素，再由权威人士拍板决定。以上方法一直行之有效，这是因为过去习惯了在数据稀缺下拍脑袋决定，抑或我们没想过其实每个人都可以成为城市决策的一部分。

阿里巴巴集团多年来建立的城市大脑，是一个集合多方数据协助总体决策的例子。曾经是中国三大堵城之一的杭州，经过重点治理乱行车、乱停车、乱过路、酒驾等行为，并利用大数据调控失衡交通后，在 2017 年的全国堵城排名中已降至第 45 位。如何运用大数据技术优化城市资源，提供更多便民服务以及协助产业发展，实属智能城市顶层设计的重要课题。随着智能终端、物联网以及 5G 网络的高速发展，加上感知设备在城市的覆盖率的提高，利用大数据解决问题的能力已经成为城市治理不可或缺的能力。

我们现在正处于大数据时代的转折点，当前，移动互联网（未来还有物联网）的大数据积累了每一个市民在城市中的生活轨迹。市民活动的数据若能与政务数据相融合，可以说是人类历史上第一次拥有如此庞大的城市全景数据。我一直认为，当数据化决策与行动后的反馈形成了紧密的数字闭环，城市治理才真正进入科学的时代。

THE RESPONSIVE CITY

03

智慧环境：用数据建立一个城市驾驶舱

ENGAGING COMMUNITIES THROUGH
DATA-SMART GOVERNANCE

数据驱动智能城市指南 THE RESPONSIVE CITY

1. 不是只有专家才能建立新社区，实际上，数字化工具可以帮助市民找到那些志同道合的市民，组建新社区。
2. 市民抛弃消费者心态而采取参与者心态将有利于城市的发展。
3. 社区归属感是指人们对一个地方的情感连接，它的重要程度远超过满意度、忠诚度，甚至热情。
4. 良好的政府管理并不是产生市民归属感的原因。相反，是市民归属感促成了良好的管理。
5. 开放数据让数据不再受到官僚式管理的制约。
6. 政府的权威来源于与有活力的社区之间的配合，而社区对政府权威的尊重来自政府的响应力。
7. 在数字化治理中，交流不再是单向的，即仅仅由政府专家做出决策，再传达给必须遵从的人。相反，新的参与形式涉及精通技术的公职人员和市民之间的协作交流。
8. 数字化治理应当适当引入既精通设计又了解数字化工具的非营利性组织，这一点至关重要。市政厅应该作为连接社区的平台，向居民提供邻里合作的途径，集预防和解决城市问题于一身。

每一个就职于市政厅的人都可以证明，市政厅绝不是美国总统林肯描述的那样：民有、民治、民享。那些不愿倾听群众想法的官员难以实现“民享”；专家在无实的信息参与的情形下制定的政策无法做到“民治”；脱离民众，冷漠地对待人民的政府形象不符合“民有”。这样的情形并不是政府工作人员造成的，毕竟他们中的大多数仍愿意以服务社区为宗旨来履行职责。此外，也不能怪罪选举产生的官员，毕竟这些官员当选的初衷是好的，而且也试图扫除一切障碍，实现理想社会。20 世纪美国政府的基本结构才是真正导致政府与群众脱节的因素。

美国政府的基本行动权限源于选举这一公众表达意愿的形式。但选举无法为市政府每年必须解决的数千种行政问题提供充足的解决方案。人们在针对市政厅的游行抗议中大呼小叫并不能解决问题，真正的参与需要花费更多的时间和承诺。这需要人们建立并维护集体发言权，并基于真实身份的社群表达，“为人民发声”。美国各市政府采用了百年的运营模式在很大程度上阻碍了社区的集体参与。现如今，21世纪的数字计划会让这些发生改变。

可访问且更加直观化的数据将会终结政府对数据和权威的垄断。在实现数字化治理的过程中，一个重要环节就是让普通人学会使用数字化工具，并凭此参与政府管理。我们认为，让市民参与城市的治理将会创造新的生活，并促使政府和市民以真正的合作关系共同致力于解决城市面临的问题。反过来，这也会鼓励人们成为积极的市民，而不是消极的消费者。数字化工具将帮助强化现有社区并定义新社区。鉴于此，数字技术将帮助市民建立持久、稳固的发言权，从而让市政府更好地为市民服务。这些市民团体具有我们所说的、建立市民发言权必须具备的特征：集体记忆、长期渐进的规划，以及执行计划和向成员分配不同工作任务的能力。在具有上述特征的团体中，市民的参与将促成政策专家所谓的合作结果，也就是说，居民和专家可以以平等的身份就城市问题展开合作。

数字技术可以做的远不止帮助现有社区提升市民发言权。在帮助识别街区和市民团体的同时，数字化工具还可以创造新型的社区，这类社区成员之间居住的位置通常相距较远。纽约市一年一度的 BigApps 竞赛是一次技术盛会，目的在于提高政府的透明度和推动技术革新。届时，数百位年轻企业家聚集在曼哈顿一栋闪亮的现代化办公楼中，围绕“谁可以帮助纽约人解决问题”这一主题展开竞争。2013 年，冠军儿童照料课桌组织（Child Care Desk）设计了一款安卓应用程序，它能利用多家城市认证机关提供的详细数据，帮助父母寻找高质量的儿童看护中心。另一款候选应用程序援手（Helping Hands），旨在利用城市数据帮助纽约人申请各种社会福利。马德莱娜·马克（Madelena Mark）表示："寻找并浏览与福利申请有关的所有信息是一项棘手的任务，很容易让人失去希望。"马克的话听起来像是城市人力资源专员所说的，但事实上他是这款软件的开发者之一。[1]

应用开发者杰夫·诺维奇（Jeff Novich）、托比·马捷约夫斯基（Toby Matejovsky）、罗里·佩蒂尔（Rory Pettingill）、安德鲁·平泽勒（Andrew Pinzler）和克里斯托弗·肯尼迪（Christopher Kennedy）在骄傲地展示他们的应用程序时，也同样让人觉得他们是城市工作培训办公室的工作人员。这些应用程序能够让人们更容易地发现和接触 2 000 多家纽约初创公司和小型公司提供的成千上万个职位，进而提交职位申请。这些企业家让通过数字化工具参与进来的市民视自己为公共服务的促进者，并提供有关建议，而不仅仅是为了获得更多城市服务而开展争斗的消费者。

我们并不是说只有专家才能建立新社区，实际上，数字化工具可以帮助市民找到那些志同道合的市民，组建新社区。例如，美国国家档案和记录管理局的档案工作人员有很多尚未完成的工作，但通过在线市民档案保管员页面，越来越多的社区居民正在帮忙标记和抄写材料，并撰写历史文章。美国国家档案馆希望与那些居住分散但有共同兴趣的市民建立合作关系，加快工作流程，从而避免预算的约束。反过来，市民可以轻易地投身于政府的公共事业，在关心的领域开展工作。这些事在数字技术出现之前是根本不可能实现的。

非常重要的一点是，我们想象的新的市民发言权不会由于城市游说团体的压力而进行更新。组织者为迫使政府提供更多服务而建立了游说团体，游说团体一直鼓励人们把自己当作政府服务的消费者。然而，市民身份不仅仅涉及公共服务品的消费。鹿特丹大学公共管理学教授文森特·杭柏格（Vincent Homburg）发现："将注意力集中在提供服务以及消费者而不是市民身上，将会导致市民身份和公共管理的多元性缩小，进而导致政府行为的合法性降低。数字化政府面临的挑战在于发展参与型的数字化服务形式，并同时解决市民将自身视为消费者的意识问题。"[2] 消费者需要政府提供更多的服务，而市民需要更多的参与权。那些旨在纠正公共资源在数量或质量上分配不公平的问题的倡议也将发挥重要作用。然而，我们认为，如果只将注意力集中在消费者视角的目标上，将限制参与型市民身份发挥有利作用。市民抛弃消费者心态而采取参与者心态将有利于城市的发展。事实证明，数字化工具是实现上述转变的适当方法。因为数字化工具可以消除导致政府紧握权力不放，而市民很难参与切身相关问题时所面临的数据不对称。

在多年的公共生活中，我们经常会看到这样的研究报告：政府精英忽略人民的请求而引发市民的不满。最近 10 年，规划者会根据获得的信息做决策，然后传达给社区。然而，在戈德史密斯担任印第安纳波利斯市市长（1992—2000 年）以及纽约市副市长（2010—2011 年）期间，这种自上而下的城市规划方法开始发生改变。导致这一改变的原因是开放数据运动，因而促使所有有需要的人都能使用数据，尤其当这些数据来自希望使用它们的人们时。

如果在 20 世纪 90 年代，政府产生数字化治理的想法，许多人就会害怕媒体会轻率地使用信息攻击政府的失职。毕竟，一旦完整的预算信息出现在网络上，很容易让人联想到五角大楼花了 500 美元买了没有必要的铁锤的故事。然而，随着时间的流逝，政府官员发现，这项数据运动带来了越来越多的积极影响。想想纽约市 311 呼叫中心行事干练、勤勉的执行董事乔·莫里斯罗（Joe Morrisroe）的故事吧。莫里斯罗认为，城市应该制定向社区团体提供数据集和软件支持的政策，以便社区团体能够访问 311 呼叫中心的数据。但开放数据令他担忧。他工作的地方在一年内需接收 2 000 万份投诉和信息请求，其中相当一部分是市民第二次来电投诉第一次投诉的解决情况的。莫里斯罗并没有因为开放数据而受到正面激励，他觉得开放数据会让他的生活变得更糟糕。利用相关的信息，人们可以在电脑上检索地图，并通过屏幕上显示的黄点规模查看某些地方已登记的投诉数量。更糟糕的是，仅仅通过移动鼠标，街区市民便可以准确地了解服务请求的性质以及解决该请求所花费的时间，或该请求是否仍处于未解决状态。对挑剔者和批评者来说，这正是他们需要的。

不过，莫里斯罗与社区团体就新的可视化数据展示模式召开的网络研讨会给他带来了许多惊喜。参与的社区团体对新的数字化模式表示赞赏，而他也收到了些许称赞。更重要的是，这些社区团体愿意使用数据解决问题，还提出了多个被城市机构忽略的解决方案。充满活力而复杂的街区居民看到了城市单一机构的工作人员难以察觉的问题。

无论政府数据在什么地方开放，结果都是类似的。数据帮助市民更好地了解政府正在开展的工作，让他们了解曾经不知道的与站台标志、自行车道或分区变化有关的决策背后的事实和原因。数据还会支持社区积极参与城市规划，市民可以近距离接触规划者，表达他们的见解，而在此之前规划者是不可能了解市民的想法的。如果某个城市的数据能够被轻易理解、直观呈现并被存储及评估，那么就不再会有数据不对称的问题了。这样一来，任何城市的政府将从市民身上学习到的东西与市民从政府身上学到的同样多。

数据不对称问题导致官员因没有充分听取社区的想法，或没有帮助有关部门了解社区想法而忽略了社区的发言权。正如经济学家阿尔伯特·赫希曼（Albert O. Hirschman）在他的经典著作《退出、呼吁与忠诚》（*Exit,Voice,and Loyalty*）中所述，对市政府表示不满的居民可能会通过两种方法中的任何一种做出响应。[3]他们会通过投诉或提出改进建议的方式维护他们的发言权。或者他们会选择退出，即退出社区并不再参与城市生活。在某些城市，退出并不是一件离奇的事情：有退出意愿的市民随时可以搬走。

团体或个人的退出逐步瓦解了把城市居民汇聚成具有凝聚力社区的结构性基础，而这样的结构对一个城市的成功是至关重要的。2010年，奈特基金会和盖洛普民意测验中心启动的一个名为“社区灵魂”的项目，旨在构建社区归属感。

社区归属感是指人们对一个地方的情感连接，它的重要程度远超过满意度、忠诚度，甚至热情。社区归属感最强的居民往往会对社区具有强烈的自豪感，对社区的未来具有积极的愿景，并产生“这里是个完美的地方”的想法。相比那些没有这种情感连接的居民，拥有社区归属感的居民通常更不愿意离开他们生活的社区。他们觉得与社区之间存在一种纽带，而且这种纽带所附带的连接感远比居民对生活地点的满意度更强烈。在奈特基金会组织的 26 个社区中，居民拥有归属感的那些社区往往实现了更高的 GDP 增长。在评估社区成功与否的过程中，GDP 的增长率是一项主要衡量标准，因为 GDP 的增长率不仅能够衡量一个社区的经济状况，还可以衡量该社区的发展和满足居民需求的能力。[4]

良好的政府管理并不是产生市民归属感的原因。相反，是市民归属感促成了良好的管理。这就是数字化治理会促使市政厅与所服务的群众建立更好关系的原因。

城市驾驶舱，让城市信息通达极大化

若想了解市民参与数字化治理带来的好处，最简单的方法是将数字化治理与市政府在过去几十年一直采用的传统的沟通方式进行对比。我们以两次会议的故事来作为说明。

在戈德史密斯担任纽约市副市长期间的一个早上，他与纽约市教育部门的新任校长丹尼斯·沃科特（Dennis Walcott）在市政厅进行了会谈。两人观看了沃科特在前一天晚上参加社区马拉松赛事的新闻报道。在报道中，几个市民告诉可靠、礼貌而谦逊的沃科特，他们对沃科特的政策知之甚少。这是一次充满愤怒的谈话，然而这次谈话并未对这个地区面临的财务和学校绩效等难题有明显的改善。因为这场赛事并没有产生市民连接。

这些大型会议一直是大城市政治活动的标准流程之一。这些会议有时也会产生洞见，但多数情况下只会流于形式。虽然表面上是公共事务官员发表讲话，但事实上，市政府是想通过官员的讲话实现与市民的交流。发言人的真正目标就是给市民留下深刻印象，并促使市民支持他们的事业，而不是鼓励市民以任何建设性的方式与讲话的官员展开合作。

这种戏剧性的仪式可能源自市政厅的那些专业人士从来不会倾听民意的传统，而独断地做决定的办事方式。许多社区会议逐渐演变为这种不会产生任何结果的模式：民意代表对着不听取社区想法的官员吼叫，但又对他们毫无办法。

将沃科特度过的糟糕一晚与戈德史密斯在担任纽约市副市长期间的不同经历进行对比发现：戈德史密斯每周会在不同的自治市召开三次会议，每次会议在特定的地点召开，并将注意力集中在与该社区有关的问题上。每次会议的出席人数低于 20 人，包括小型企业所有人、公园建设倡导者、社区委员会领导者和感兴趣的居民。会议通常在二楼一个小到难以容纳这些人和他们携带的咖啡杯的会议室召开。在布朗克斯区召开的第一个会议就是典型的例子。会议开始时，城市官员并未发表正式的讲话，只是提出了一个简单的问题，参会人员感到很困惑。官员提出的问题是：当地政府如何才能做得更好？结果发现，市民具备的街道层面的知识补充并增强了那些甚至接受过最好训练的技术专家的技能。第一个发言人谈到了公交站台和垃圾箱的位置，当团体、居民和官员开始寻求该问题解决方式时，第一个发言人才勉强结束了发言。

纽约市水利部门实施的在线计划也同样带来了振奋人心的结果。该部门的目标之一就是，通过建设绿色空间来减缓下水道泛滥的问题。土壤会吸收雨水，从而减少暴雨流入下水道系统。城市工程师并未向社区提出预先决定的解决方案，而是指出需要解决的问题，确认需要采取措施的城市区域，并向那些提供解决方案的街区提供小额奖励。利用专门的网站 Change By Us[①] 及政府网站。水利部门还让纽约市民参与决定应该构建哪种类型的绿色空间，以及这些绿色空间应该设置在哪些位置。

这些案例展示了数字化工具如何让城市市民的参与变得更有效，更贴近林肯总统的理想政府——民有、民治、民享。第一，开放数据，让数据不再受到官僚式管理的制约。目前，纽约市的社区团体基于从多个来源收集到的实时数据整合而成的报告开展工作，而不是基于某个部门收集到的过时数据。这保证了数据的相关性，并促使社区团体将注意力集中在问题而不是在管辖权上。第二，政府的权威来源于与有活力的社区之间的配合，而社区对政府权威的尊重来自政府的响应力。这是一个关于尊重和效率的持续性的良性闭环。第三，可能也是最重要的一点，在数字化治理中，交流不再是单向的，即仅仅由政府专家做出决策，再传达给必须遵从的人。相反，新的参与形式涉及精

① 该网站致力于通过立项并组建团队，进而行动，让城市变成更好的聚居地。

通技术的公职人员和居民之间的协作交流。

在纽约市，具有开创意识的理事会成员正在密切参与所在社区的服务工作。理事会成员行使的自由裁量权避免了政治交易、政治复仇和丑闻的发生。2012 年，纽约市理事会成员朱麦恩·威廉姆斯（Jumaane D. Williams）、布拉德·兰德（Brad Lander）、梅丽莎·马克–维凡立多（Melissa Mark-Viverito）和埃里克·尤里克（Eric Ulrich）决定向他们的市民提供决定出资走向的机会。这 4 位理事会成员召开了一系列会议，让社区成员提交项目提案，就他们的优势进行辩论，并通过表决的方式决定谁能获得 600 万美元的资金。4 个地区共有 8 000 多人向改进设施提供资金资助，包括公立学校卫生间的翻新和人行道的修复。

这种方法被称为参与式预算，最初由巴西设计并开始应用，2011 年开始应用于纽约市，而且市理事会 51 位成员中有 9 位成员将这种方法应用在他们所管辖的地区。2013 年 9 月至 2014 年 4 月期间，居民就如何支出 1 200 万美元的资金做出决定。芝加哥市也实施了类似计划。

不过，纽约市和芝加哥市实施的依然是受到时间约束的参与式预算计划，涉及一系列面对面会议和委员会会议，并且结果按纸质的选票票数计算。这两个城市均尚未实施立刻生效的在线审议和表决。在旧金山，埃德·李（Ed Lee）市长和城市监督人戴维·吉尤（David Chiu）希望将数字化工具引入参与式预算的应用流程中。该项提案仍处于早期阶段，但参与式预算中出现的这一革新很可能被美国的城市以低成本的形式广泛地采用，为数字化工具扫清道路。

一个通过数字化手段实现信息通达的城市不会限制数据给市民和

政府关系带来的好处，政府更全面地将数据和知识作为最关键的服务之一是为消费者，也就是为企业带来好处。市政府数据的可得性可以在诸多非政府情境下帮助消费者。例如，它可以告诉消费者哪些零售商的规模存在失衡情况，哪些餐厅拥有良好的卫生记录，目前哪个地区的交通状况较差等。市政厅可以减少获取数据的交易成本，因此能通过传统政府范围外的方式提高生产力和市民生活的质量。

事实上，一个开放的政府将会帮助市民以更精明的方式进行消费。以网站 Data.gov 为例。这个网站包含数十个政府机构提供的 400 多个数据集和资源。除了原始数据集外，该网站还拥有多个已利用现有数据帮助消费者做出更好决策的应用程序，如大学导航（College Navigator）、替代燃料定位器（Alternative Fuel Locator）和找寻健康中心（Find a Health Center）。Data.gov 网站的负责人表示，能否以适当的方式运行消费者市场，取决于消费者做出知情决策的能力。

并不存在简单到仅仅通过引入技术便可以解决的城市问题。公众市民的参与需要适当的基础设施和设计的支持。具体来说，需要具备以下 5 种特征：直观化的数据、专业的中介机构、可发挥功能的政府平台、市政厅做出的个性化响应和由此产生的实时数据。

工具 1：直观并且可用的开放数据平台

真正的协同规划需要以可用的直观形式将数据包含在内。易于访问和可理解的开放数据集为更广泛的公众提供了新的工作方式，他们可以与准备充分的数字技术专家进行合作。因此，仅仅向公众开放数据是不够的。近期我们与城市预算官员会面，他们展示了将会给所有人带来威胁的“开放数据”电子数据表。因此，我们认为，可用的开放数据应该以适合非专家需求的方式进行包装。例如，帕洛阿尔托市的在线预算向公众开放，其中包含六色动态图表，为城市雇员和居民提供真正能了解和分析数据所需的直观工具。

工具 2：通过数字手段了解行情的中介机构

缺乏利用数字化工具的能力可能会成为参与数字化治理的一个可怕的障碍。不是每个人都能够熟练查阅、使用和分析动态图表及网站上的数据。因此，数字化治理应当适当引入既精通设计又了解数字化工具的非营利性组织，这一点是至关重要的。这些中介机构可以采用灵活多变的形式，其中一个原因在于它们可以将注意力集中在数字技术上，这有助于将数据转换为洞察力。社区也可以只雇用某个熟悉社交媒体和数据绘制的人士，从而调动社区的积极性。不同的社区团体可以采用不同的技术工具识别新居民，并努力让他们采用社区提供的服务以支持团体。由于每个人不止参与一个社区团体，同一个新居民可能还是团体的议题发起者，并且不同的非营利性组织可能会提供与学校质量或需求有关的数据。一旦某个城市开放数据，许多不同的中介机构就可以同时使用并改进数据，从而促使各方共同解决问题。

繁荣昌盛的街区习惯于与专业学者合作，让市民和政府官员以平等的身份共同解决问题。玛格丽特·弗里林（Margreet Frieling）、西格沃特·林登伯格（Siegwart Lindenberg）和弗兰斯·史托克曼（Frans Stokman）在《通过协同生产建立协同社区》(*Collaborative Communities through Coproduction*）一文中写道："宜居水平较高的街区通常比较干净、安全，民居和建筑保存得较为完好，并且居民能够尊重彼此的财产。"[5] 中上等级的街区居民可能会因为参与交通、国家及地区话题以及娱乐规划，对街区感到放心，因此对国家政策的参与度更高。但居住在存在压力的街区的居民在实现这种参与之前通常需要形成更基本的市民连接。研究表明，居民合作有助于城市街区发生积极的变化。当一些街区的合作意识出现下降时，需要有人帮助它们重新建立合作关系。社交媒体和数据共享（见引言部分）可以在一定程度上带来这些社区缺乏的归属感。贫困街区通常缺乏自助、互助和信任等必要品质，居民可以通过数字化互动获得支持。[6] 这样的改变同时需要有效的中介机构和致力于设计必要参与工具的政府提供支持。

工具 3：可促进社区彼此连接的政府平台

在大多数城市，当居民致电市政府进行投诉时，呼叫中心的员工会在系统中记录服务请求，比如附近空置地块的野草蔓延生长。如果这个人的邻居就同一个问题致电市政府，呼叫中心的另一个员工会在系统中重新记录一条服务请求。而没有一个机制可以告知这位投诉的居民他的邻居已经投诉过这个内容了，而该地区的所有居民也不知道社区团体将在星期六早上进行大扫除等信息。

我们在第 1 章中所讲述的波士顿的市政连接应用程序、iOS 和安卓应用程序指出了针对呼叫中心的下一个改进方向。相比投诉热线，市政连接应用程序并不是速度更快、信息量更大的。正如我们所注意到的那样，系统会让人产生更好的参与感。与那些通过手机致电 311 呼叫中心反映问题的市民相比，那些使用应用程序反映问题的市民对市政厅的响应力具有更高的满意度。这样的满意度将会提高市民的归属感和忠诚度，进而从整体上改善城市生活。

311 呼叫中心进行数字化变革的下一步就是让数据社会化，向市民提供就反映的同一问题进行彼此交流和协作的方法。目前，芝加哥市和纽约市正在建立新的 311 呼叫中心，支持呼叫者之间进行此类的联系。当然这需要使用多种媒介，而不仅仅是利用电话反映问题。新系统还能够“倾听”社交媒体，让居民无须在政府实际行动前必须向 311 呼叫中心提出正式求助。311 呼叫中心将成为开放数据的主要来源，告知居民与其社区有关的问题，并向他们提供进一步了解这些问题所需的信息。

以 2012 年“超级碗”的社交媒体为例。印第安纳波利斯市在社交媒体的协助下在市中心聚集了 50 万名来访者，这些访客产生了票务、垃圾、停车、治安以及其他城市服务的需求。印第安纳波利斯市在服务或响应方面表现优异，其中一部分原因在于，有 10 多位大学生负责监控与“超级碗”有关的社交媒体，关注那些可能即将产生问题的具体地区的关键词；此外，他们还实时通过推文回答问题或指导有关人士将资源分配到适当的区域。这为数字化治理可能带来的改变带来了启示：通过监控社交媒体了解城市需求信号，印第安纳波利斯市甚至能够在有人向政府发出正式求助之前就做出响应。

是什么让社交网络成为强有力的管理工具？我们认为有5个主要原因：第一，社交媒体让人们可以随时随地“见面”，而无须预约特定会面的时间和地点。第二，社交媒体支持的参与人群更广泛。并非每个人在面对许多人发言时都会表现自如，而相当多的市民习惯于使用智能手机发表观点。第三，从本质上来讲，社交媒体能在一定程度上推动人与人之间的互动，并试图寻找将他们组织起来的原因。第四，社交媒体经常能够在问题发生的早期阶段对决策流程发挥重要作用，有时甚至是在问题正式确定之前。第五，社交媒体可以在必要时为安排哪些相关人士出席正式会议提供适当依据。

正如这些事例所展示的那样，数字化治理将城市从“政府是所有可靠信息或所有问题解决方案的来源”的概念中解放出来。我们认为，市政厅应该作为连接社区的平台，向居民提供邻里合作的途径，集预防和解决城市问题于一身，详情我们将在第4章中进行讨论。未来，先进的系统甚至可以利用各类传感器将官方数据与居民提供的数据在多种途径上进行合并。例如，道路关闭通知可以与Twitter或Waze上发布的与公众实时提供的替代路线的帖子自动绑定。

在开始重新设计311呼叫中心之前，纽约市已经雇用了分包商向该呼叫中心提供文本服务。居民可以编辑问题并收到提供商做出的文本式响应，这些回答都是从官方问答库中选择的。虽然问答库经常更新，但居民很快注意到相比他们从 311 呼叫中心所获得的那些预设好的答案，他们可以从博客上找到更多、更新的与新情况有关的信息。很快，相应公司的 CEO 希望知道，他的工作人员能否提供最新的来自社会网络的信息，而不是市政厅提供的问答库。但是，纽约市政府要求公司必须根据官方问答库进行回复，因为市政府宣称这是保证质量的唯一途径。但这并不能从根本上解决问题，因为市民不会在意数据的来源。而随着数字技术对生活的改善，政府、私企和社交媒体需要提供越来越多关于城市问题的最新信息。

在一次小型社区会议上，戈德史密斯听到布鲁克林一家小型停车场的商人抱怨城市自行车停放要求不尽合理。新规定迫使他不得不放弃重要的汽车停车空间，而这些空间又不能被合理利用。如果任何人希望使用他的停车场，他就有更有效的方式提供和编排自行车停放空间。编制自行车停放条例的城市官员从未预料到这种特定的应用，因为尚未出现任何便于商人在规则制定阶段与监管者一起商量有效、易行的手段。这次会议之后，纽约市建立了网站，城市机关在公布拟颁布的法规之前，会在该网站上列举他们尝试解决的问题。此外，有些方法可以让数字化治理鼓励市民与政府之间建立意义重大的合作关系，这些工具消除了曾让监管者、被监管者和消费者彼此隔离的障碍。

工具 4：根据一致愿景做出个性化响应

正如我们展示的那样，我们希望数字化治理可以为城市生活创造奇迹。但如果政府仅仅对通过数字化手段参与政府管理的市民做出响应，那么这无疑将导致对参与度最高的或数字化程度最高的领域投入过多的资源。因此，基于数据的管理必须寻找保证服务更广大人民群众的方式。正如霍华德·迪恩（Howard Dean）的前任数字专家哈佛大学讲师尼科·梅勒（Nicco Mele）所说，我们需要解决的问题是，你能否根据一致的愿景执行政策，能否对选择你的人民群众保持充分的响应力，你在什么时候可以获得与项目相关的无穷无尽的通信流。[7] 这就是将市民共享数据转化成意义重大的市民发言权所面对的问题，即如何代表社区真实的声音，取得实质性成果，并因此增强社区的归属感和发言权。

数字化治理必须建立响应市民的指标，并管理客户关系。在最初的 10 个月里，华盛顿的 Grade.DC 通过在线调查、Twitter 和其他社交媒体评论收到了 7 700 份城市居民的服务投诉。市政府也将每月居民的满意度等级向公众公开。更重要的是，华盛顿市将响应居民的过程透明化了。例如，我们在第 2 章中提到的，华盛顿市将一些机动车服务管理局的工作人员调离需与公众打交道的岗位，并且《华盛顿邮报》报道称，当“诸多市民都对老龄办的某一种膳食提出批评意见时，厨师就会把它从定期轮换的备选菜单中移除”。[8]

仅靠数字访问并不能改变获得资源最少的人享有的发言权最少的事实。市政府领导者和非营利性组织同样需要采用其他特殊方式，促使那些未获得充分服务的市民做出响应。位于费城的一家初创公司 Textizen 主要由公共服务组织美国代码公司出资建立，主要致力于利用数字化工具和基于 SMS 的工具寻找那些经常无法在做出影响社区的公共决策中表达想法的居民。例如，费城城市规划委员会与 Textizen 公司共同寻找未出席社区会议的居民。随着数字化治理逐渐扩展到各个城市，我们可以更进一步努力倾听那些经常被忽略的居民的想法。现如今，即使是在那些经济水平相对较低的街区，智能手机的使用率也相当高。这提供了收集居民对城市或社区服务想法的途径。加入“公共支持课后计划”的青少年会被鼓励使用社交媒体提供反馈和批评意见。“劳动力计划”申请人通过社交媒体对培训的关联性和有效性进行评级，或与其他用户共同分享经历。只要市民和政府服务之间建立更好的平衡关系，政府或中介机构就可以捕获、分析、展现并与社区和潜在服务用户共享数据。

工具 5：实时决策，打造“移动中的市中心”

数字化治理还可以帮助城市解决另一个严重问题：时间约束。正如艾尔弗雷德·太特凯霍（Alfred Tat-Kei Ho）在《彻底改造当地政府与电子政府的举措》（*Reinventing Local Governments and the E-Government Initiative*）一文中所说：“彻底实施政府改革的主要障碍是公职人员和市民的交易成本压力。政府官员可能会发现市民参与管理是一件费时又费钱的事情。鉴于他们面临的时间压力，公开与公共事业相关的数据似乎是一种不必要的压力。”[9] 数字化工具将通过社交媒体弥补社区会议的不足，并且通过传感器和社交媒体实时收集的纸质报告，提高政府的响应力。我们希望机器学习规划和引导的响应能将收集数据和组织反馈的交易成本降至零。

通过位于纽约市运输部门监控室的大型监控器，副市长戈德史密斯看到了大规模收集和组织有用数据的过程。监控器展现了来自车辆GPS装置的稳定的交通数据流。这些数据是通过出租车仪表盘中安装的收发机和私家车安装的可读取位置的通行费支付装置E-ZPass获得的。监控室数公里之外就是曼哈顿市中心的商业圈，交通信号灯改变了时间设定，使车辆迅速移动。纽约市政府已经从通过不同类型的装置收集到的匿名数据中受益。传统的响应流程是司机投诉，然后部门展开调查或研究问题，最终由城市相关部门做出响应，也可能不做出响应。与此形成鲜明对比的是，如今纽约市将响应力变成了商业流程。这样的努力为纽约市赢得了“移动中的市中心”的称号。

那些没有充分的资源或力量解决所有问题的政府可以利用数字化治理工具，让市民参与设计、生产和提供服务。尽管数字化治理尚处于初步阶段，但我们已经看到了城市为参与政府管理的市民提供的平台轮廓。这推动了城市个性化服务及高效响应机制的发展，从而鼓励市民以社区成员而不仅仅是以接收服务的消费者的身份参与政府管理。通过参与管理，市民感觉他们正在让社区变得更好，从而致力于建立强大的网络并推动自下而上的改变。目前，市政府可以建立支持市民以简易有效的方式提出投诉和解决方案的机制。所有这些行动建立了对政府和市民之间的信任，双方的信任都进一步加强。

当市民对市政厅做出个性化操作时，这种信任关系还会进一步深化。我们所述的新联络中心平台将支持市民针对他们的生活和社区相关的事项定制通知，比如最近的垒球场位置、人行道修复的时间或街角停车限制解除的时间等。提供个性化服务的市政厅与其他市民之间的进一步联系，将有助于在采取社区行动和增强信任过程中提供变革性的方法。

当完全实现数字化治理之后，市政厅将实现变革。居民将会在线上登记与学校、公园、街道角落有关的个性化信息。获得这些信息后，市政厅会自动分析社区关心的共同问题，并使用数据设备通知参与政府公共规划社区行动的其他居民。政府会分配资源，如卡车、规划者和劳动者等，进而参与执行社区行动。监管者可以对具有完美声誉的、使用即时快速通道办事的企业进行企业信息评估。城市规划者可以让社区更早并且更认真地做出对社区具有影响的决策。预算分配和优先排序在一定程度上由公众驱动，不是以正式形式而是以一种真正开放并且可持续的流程进行。那些参与数字化变革的居民可以不再忍受官员的官僚待遇，并实时表扬或批评官员。被任命的数字公共关系官员不仅会发送与政府进展有关的消息，还会确保录入的消息会引导并用于帮助管理政府服务。城市管理和城市生活发生巨大改善的过程中将不再存在技术障碍，唯一的障碍将是政府缺乏想象力和领导力。

THE RESPONSIVE CITY 品觉导读

避免盲人摸象

最近在美国，有一个职能涵盖了技术、商业和城市领域的专家小组发表了一份报告，题为《2030 年的人工智能与生活》，讨论了人工智能对城市和人类生活的影响。

该报告覆盖了人工智能的几个重要领域，包括大规模的机器学习、图像及语音识别、深度及强化学习、人机互动、全景视觉、物联网、众包等，同时探讨了这些技术对城市的影响，并就它们对居民生活的影响提出了深刻的政策建议。

以自动驾驶汽车为例，一方面，它们会成为未来交通出行的理想选择，但另一方面，它们可能会引发诸多经济和伦理问题，例如，发生意外时的责任是否会导致运输业大量失业，以及可能要重新规划公共交通设施等。更有意思的是，数据的准确性和及时性比什么都重要；体会到这一点不难，从近日地铁信号系统故障对大众的影响可见一斑。

政府和市民之间相互信任的重要性

世界各大城市已经采用各种人工智能技术打击犯罪，大数据分析也成为一项重要工具，还可以帮助警方更轻松地破案，甚至预测犯罪，防患于未然。我曾经看过一则谋杀案的新闻，因为分析了罪犯逃走的路径而神速破案。但随着这类能力的增强，政府与市民之间信任的建立也变得尤为重要。新技术可以用来挫败犯罪或恐怖袭击的图谋，但也有可能会被滥用，导致新技术威胁公民自由、侵犯个人私隐。

人工智能给我们的城市带来了一个充满矛盾的未来，悲观主义者看到的是反乌托邦式的噩梦：机械人夺走了人类的工作，人类处于一种被永久监视的状态。因此，我们更要尽快引导人工智能和大数据在城市中的有效应用，这些策略和政策涉及人工智能的法规、责任、资格认证、机构监管、创新与私隐、劳动与税收等。

我们还需要开展更多研究，为城市和地方政府提供培训和资助，更好地了解这场即将到来的革命，并为此做好准备。

人工智能促使城市面对一系列需要考虑的复杂因素，所以我们必须提高警惕，以确定现有的规章和机构能充分发挥这些新技术的长处，同时最大程度地避免它们的负面影响。如今大部分的智能城市建设都在盲人摸象，这带来了两大显著缺失：政府自身对科技的准备不足，市民对科技的真实影响力缺乏认知。

THE RESPONSIVE CITY

04

智慧经济：将城市革新为信息共享的联动数字平台

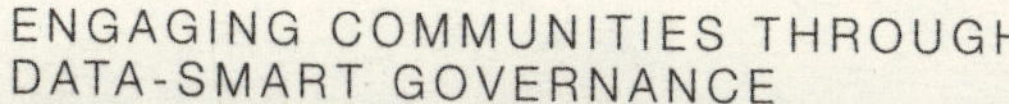

数据驱动智能城市指南

THE RESPONSIVE CITY

1. 数字时代将迫使政府不再仅仅提供数据平台，而是让城市自身成为一个智能数据平台。
2. 任何市民可以深入挖掘犯罪数据，或为邻居编写应用程序，以所有市民收益为前提的数据和分析嵌入了政府工作。
3. 将“领导者技术至上论”改变为技术是推动解决社区问题的唯一力量。

拉姆·伊曼纽尔市长希望，在就职典礼结束后向全世界开放芝加哥市的数据。这件事将成为他在 2011 年召开的首次内阁会议上的重点议程，并告诉所有部门的主管要做好准备。伊曼纽尔市长希望利用数据改善芝加哥市民生活的人能放手大干，市长将扫除一切障碍。这一举措为芝加哥市的数字化变革定下了基调。

在那次会议后不到三年的时间，在伊曼纽尔市长的强力领导下，芝加哥转变成一个独特的数字化城市，数字技术被应用到政策制定流程中。伊曼纽尔市长开放数据的举措只是一系列数字发展项目之一。为提高城市学校学生的分数和鼓励经济发展，芝加哥扩大了能够访问高速互联网的基础设施的范围。为改善政府服务以及政府与公众之间的沟通，芝加哥开放城市数据，供政府之外的开发商和市政厅内的政策制定者使用。为对城市规划流程实施变革，芝加哥正在使用数字化工具规划将废弃的钢铁厂改变为新街区的设计。芝加哥正在实现它数十年来的梦想——智能城市。遍布城市的传感器将很快收集到即将协助研究的海量数据。而市政府不再是简单地提供一些数字服务。目前，市政府还为市民提供编写应用程序所需的工具。

2010年，技术梦想家和奥莱利传媒公司（O'Reilly Media）的创办人蒂姆·奥莱利（Tim O'Reilly）认为，数字时代将迫使政府不再仅仅提供数据平台，而应有更大的作为。他表示，政府本身就是一个数据展示平台，类似苹果手机或平板电脑上的屏幕显示器，市民可以从中找到创新性的数字用途。这是数字化嵌入城市生活的技术典范：任何市民都可以深入挖掘犯罪数据，或为邻居编写应用程序，以所有市民受益为前提的数据和分析被嵌入了政府工作。芝加哥成为工业大都市的象征，它让城市作为数据平台的理念变成了现实，伦敦、巴塞罗那和其他全球城市均做出了这种尝试。

某个早晨，当约翰·托尔瓦（John Tolva）利用L平台开展工作时，他遇到了正在为市长竞选忙碌的伊曼纽尔。托尔瓦一直担任IBM的市民关系和规划总监，专门负责与全球范围内的非营利性组织和政府合作开发具有社会响应力的项目。他对将技术应用于政策制定流程具有强烈的兴趣。这次偶然的会面让托尔瓦成为新市长过渡团队的一员，并负责为芝加哥的新首席技术官设置职权范围。托尔瓦给市长提供了候选人名单，但名单没有包含他自己。《克瑞恩芝加哥商业周刊》（*Crain's Chicago Business*）采访他时，他表示："我从来没想过自己会获得这份工作，遇到这种机会，我是不可能拒绝的。我花费了大量时间向市长提供咨询意见。”[1] 伊曼纽尔市长还聘请布雷特·戈德斯坦（Brett Goldstein）成为美国首个政府首席数据官。戈德斯坦是一位坦率而坚定的数据科学家，曾对建立餐厅预约平台 OpenTable 持批判态度。市长的愿景是希望引领芝加哥进入数字时代。

芝加哥存在基本的数据联通问题。芝加哥与许多大的主干网络相连接，这些主干网络也在纽约与加利福尼亚等地运行。然而，芝加哥的企业通常无法找到价格合理的光纤互联网接入项目。截至 2012 年年末，芝加哥的小型企业不得不面临平均下载速率和平均上传速率分别低于 5Mbps 和 2Mbps 这一问题，而大中型企业面临的问题也并不乐观：平均下载速率低于 17Mbps，平均上传速率低于 7Mbps。考虑到首尔和斯德哥尔摩可以轻易地获得下载 / 上传速率为 1 000 Mbps/1 000 Mbps 的上网速率，并且支付的服务费用只占芝加哥的企业支付的服务费用的很小一部分，因此芝加哥的企业网络服务的下载上传速率根本不值一提。芝加哥的私人住宅同样在互联网接入方面存在滞后的情况。根据亚利桑那州立大学凯伦·莫斯伯格（Karen Mossberger）教授在 2013 年开展的一项研究，大约 1/3 的城市居民不能在家里接入任何类型的互联网。[2] 这些网络接入问题威胁和阻碍了伊曼纽尔市长所称的高新技术社区的发展。对一个希望芝加哥成为“北美洲首尔”的市长来说，这样的情形是无法接受的。

因此，在芝加哥商业社区，让居民最终能够接入更好、更高速的互联网成为伊曼纽尔市长的首要任务。在他的就职典礼上，芝加哥整合了一系列旨在解决城市公共和私人宽带需求的举措，制订了“市长宽带挑战计划”。这些举措之一就是借助城市下水道部署高容量光纤电缆，这将比在城市街道进行光纤电缆部署更便宜、更快速。

市长宽带挑战计划仍处于早期实施阶段。它可以以更低的价格为芝加哥企业带来高容量的互联网连接，还可以服务于普通市民。基于更高速的互联网接入容量，无线网络提供商将能够利用更高容量的回程连接处理市政府的电话服务，即连接信号塔到大型互联网接入电缆的线路，从而极大地改善手机服务。

托尔瓦表示，要改善市民网络接入的问题，需要在市中心之外的区域，比如，在学校和图书馆铺设网线，以这些地点为中心形成连接云，从而提高无线网络的数量和质量。托尔瓦表示，如果光纤网络能用于企业，那么就可以供学生使用。这是一个改善城市教育问题长期计划的一部分。这与咖啡店里的时髦人士的诉求无关，与某个孩子在漆黑的夜晚必须从家里步行到图书馆完成家庭作业的无奈有关。

换句话说，互联网访问连接的扩展就是一个漫长的博弈过程：在提高芝加哥工作人员竞争力的同时，也提高了那些即将参与工作的人的技能，并增加了他们获得数字和互联网教育的机会。最终，市长宽带挑战计划强有力地推动了经济的发展。

伊曼纽尔市长的理念正被市政厅之外的其他人逐步实践。例如，芝加哥地方倡议支持公司（Local Initiative Support Corporation Chicago，简称 LISC Chicago）联合市政府和数十家社区非营利性组织主导实施的“智慧社区”项目，促成以下 5 个缺乏数字服务的芝加哥社区最终享有了数字教育：洪堡公园（Humboldt Park）、皮尔森（Pilsen）、恩格尔伍德（Englewood）、芝加哥草坪（Chicago Lawn）和奥本格雷沙姆（Auburn Gresham），该项目不仅提高了互联网的接入率，增加了小型企业的数字培训和年轻人的数字职位，还丰富了当地的内容门户网站。

“智慧社区”以理查德·戴利（Lichard Daley）市长在2009年发起的“芝加哥数字卓越举措”倡议为起点，这一倡议主要是为了解决芝加哥的数字鸿沟问题。作为对戴利市长愿景具体实施环节的响应，芝加哥地方倡议支持公司在麦克阿瑟基金会、芝加哥社区信托和伊利诺伊州经济机会部门的赞助下，开发了这个基于社区的模型作为试点。之后，联邦宽带技术机会计划（Broodbond Technology Opportunities Program）提供了700万美元的拨款，支持“智慧社区”计划，并进一步推动5个街区已有的工作。芝加哥地方倡议支持公司的执行董事苏珊娜·瓦斯克斯（Susana Vasquez）强调说，这项工作的完成并不只是简单地把电脑放置在公共区域。相反，这项工作是以综合途径让技术与社区建立关联。她表示：“第一步，我们真正要做的就是，将“领导者技术至上论”改变为技术是推动解决社区问题的唯一力量。如果你的问题与安全、学校资源匮乏或就业有关，那么你是不会想到技术至上论这一点的。如果你以街区策略为起点，例如如何减少暴力、如何让等公交车变得更安全、如何改善学校等，你应当鼓励社区领导者和合作者发挥想象力和积极性。”

市长宽带挑战计划

麦克阿瑟基金会资助开展了旨在验证“智慧社区”模型有效性的

综合评估。凯伦·莫斯伯格、卡罗琳·托尔伯特（Caroline Tolbert）和克里斯·安德森（Chris Anderson）分析了 2008—2013 年芝加哥社区层面的数据，并发现相比其他社区，5 个“智慧社区”在互联网使用、家庭宽带接入，以及利用互联网查找工作、健康、传递信息等方面具有更高的增长率。[3]

“智慧社区”的创办人之一，也就是芝加哥社区信托的总裁和首席执行官特里·曼札纳（Terry Mazany）称赞了这个项目所采用的协作方式，即利用城市生态系统的优势，将公共事业、企业、非营利性和慈善组织汇聚在一起，确保新的信息和技术惠及所有居民，尤其是那些没有充分享受到基本互联网接入服务的居民。

这类数字技术的延伸和培训与现有街道网络中其他的光纤和无线网络相结合，仅仅构成了芝加哥数字升级流程的一部分。在伊曼纽尔市长的支持下，芝加哥市还计划在城市多个重要安全点位增加 400 个不侵犯隐私、与互联网连接的传感器。这将促使学术界或政府研究人员利用这个新渠道获取有关热量、灯光、噪声和运动的丰富数据，并展开探索。你可以把芝加哥艺术学院设计的这 400 个传感器视为查询和收集数据的数据端，就像人们在气象站查看天气数据一样。这些传感器将帮助城市设计出更好的数据政策。

以城市热岛效应为例。城市通常比附近的郊区气温更高，对健康的影响也可能比较大：大城市居民在热浪的影响下通常会遭受更多疾病的困扰，死亡率也更高。政府希望对此做出有效的响应，但城市热岛并不只是城市范围内的现象。因为特定建筑提供的阴凉，热岛成为块状化的城市问题。监控逐块地域温度变化的数百个传感器可能会帮助提供所需的点位数据。戈德斯坦的继任者布伦娜·伯曼（Brenna Berman）表示，这个计划充分展示了伊曼纽尔市长关于将芝加哥开放为城市实验室的承诺。市长希望芝加哥成为数据最友好型的城市，以此鼓励研究人员和公司前往芝加哥，检验他们提出的城市问题的解决方案。

通过安装在安全网络上的传感装置所实现的网络化城市传感，可以改变大城市的日常生活。例如，芝加哥采用的共享单车系统涉及400辆共享单车"Divvy Bikes"。这个共享单车系统已在多个大城市普及。所有这些单车均装备GPS，甚至还可以携带传感器，以此捕获它们每天的"感受"。传感器周围是嘈杂的、拥挤的、炎热的、潮湿的，还是安静的，在制定与交通管理、街道设备、停车规则和其他问题有关的政策决策过程中，这些信息可以为政府部门和其他企业、组织和个人提供指导。这些信息还可用以开发相应的应用程序，便于用户坐在公交车上就可以了解下一个公交站台是否有Divvy Bike。

目前，许多城市已经在街区建立了传感器网络，称为监控摄像头。随着越来越多的公共区域增设数据收集装置，关于侵犯隐私权的相关问题会再次出现。在这些问题和传感器相关的技术应用优势之间寻找平衡是一个困难的过程，在我们看来，可能需要多年的时间才能实现。芝加哥已经承诺它的传感器会通过收集信息匿名化的方式尊重个人隐私，但在许多不同的利益相关者努力克服这一棘手的问题时，总会出现一些细节问题。现在能肯定的一点就是，如果响应型城市的数字梦想是发挥传感网络的全部潜力，那么这一问题必须解决。

城市作为平台理念的另一个目标就是，改善市政府与市民之间的关系。市政厅之外的人们对数字化城市革新的态度已经发生了巨大变化，这让芝加哥受益颇多，尤其是戈德斯坦把使命感和忠诚度逐步灌输给由外部开发人员组建的大规模团队，并迫使团体成员将这种使命感和忠诚度应用到工作中去时。他表示："我知道我们需要帮助，希望社区参与进建设芝加哥的未来上，让居民对芝加哥的未来感到欣慰。"他还谈到了其他问题，最终促成成千上万的居民以新的、令人满意的方式参与政府管理的新服务。

芝加哥正在使用类似服务追踪（Service Tracker）的应用程序（市长的另一个主意），该应用程序使芝加哥市民可以以类似追踪 UPS 或联邦快递包裹的方式追踪他们就城市问题提出的请求。大多数应用程序并非由市政府雇员开发。相反，这些应用程序是由那些愿意利用目前可免费获得的城市数据，并将这些数据作为数据基础的外部人士开发的。这些新的数字创新在带来一些经济效益的同时，还为市民提供某些特定服务：开发这些应用程序的通常是帮助芝加哥构建技术信誉和推动经济发展的企业和企业家。

也就是说，芝加哥政府除了在已经确定的采购人清单外，还通过其他渠道获得数字服务。芝加哥政府希望与城区内较贫穷的街区开展更广泛的沟通。政府希望那些目前定期受邀测试新应用程序和网站的居民也能够自己编写应用程序。毕竟，最有用的应用程序很可能是与特定街区实际情况相匹配的应用程序。

建立智慧社区，让信息快速流通

最初几个月，戈德斯坦担任市长办公室的首席数据官。当他开始工作时，受到了市长大力的支持，市长办公室给了他支持、政治缓冲和自主权。

鉴于伊曼纽尔市长决定履行在竞选时做出的开放芝加哥数据的承诺，戈德斯坦知道他应该做些什么。处理城市数据并没有对戈德斯坦造成困扰。多年来，他一直与数据打交道。起初他获得了刑事审判专业硕士学位，之后组建了芝加哥警察部门首个预测分析小组，专门负责反恐和情报领域的工作，在该小组内他通过模型预测犯罪。他对数据的最初直觉以及丰富的反恐经验形成有关“开放”的新部分。事实证明，戈德斯坦是个快速学习者。

2011 年 9 月，距离开始新工作仅 4 个月的时间，戈德斯坦就在网上发布了从 2001 年开始的所有案件层面的犯罪数据，几乎有 500 万条数据记录，并且确保这些记录自动更新到最新状态。这是在线发布的规模最大的犯罪数据库。当时，芝加哥市已经在网站 data.cityofchicago.org 上发布了城市合同和游说数据。戈德斯坦基于一家位于西雅图的公司 Socrata 所出售的平台服务，建立了向公众提供政府数据的 data.cityofchicago.org 网站。“它是一个全新的开放和透明的世界，”戈德斯坦在当期的《芝加哥论坛报》上这么说，“你决定自己的分析。”[4]

在伊曼纽尔于 2011 年初担任市长之初，芝加哥向公众发布的数据量远远低于其他城市。现如今，在戈德斯坦的努力下，芝加哥在美国实施了最大的开放数据计划，提供了将近500个能定期提供最新的、原始的、计算机可读取数据的数据库。如今，城市在线数据门户网站允许公众和媒体访问以图表、地图和日历等格式呈现的数据。这些用户友好性极强的访问让芝加哥的网站比许多其他门户网站的开放程度更高：数据不仅在线上发布，而且数据的发布基于可用格式，极易理解。随着时间的推移，戈德斯坦让城市作为平台的愿景越来越接近现实。他不编写应用程序，他向公众提供接入他所掌握的数据所需的链接和门户，以便其他人可以编写软件。

此后在芝加哥，市民应用程序的开发一直处于繁荣发展的态势。例如，多亏芝加哥运输管理局提供的公开数据以及芝加哥的应用程序开发者根据该数据做出的努力，通勤者现在拥有了节省时间的手机应用程序。Buster、Quicktrain等应用程序将用户手机里的GPS数据与交通信息相整合，精确地告诉用户希望搭乘的公交车或火车目前所在的位置，以及前往最近的公交站台或火车站的路线。市政府从来没有雇用大量的应用程序开发人员，市政府只需要公布数据。

发布开放数据仅仅是戈德斯坦采取的第一个举措。他仍拥有年轻时利用数据打击暴力行为的热情，因此他希望利用历史数据预测未来的发展趋势，解决或防止其他城市问题。他决定每隔60~90天就发布一个实用的分析产品。他不希望只是做出长期承诺，而是希望提供一些真正的东西。

在这个领域，戈德斯坦最喜欢的成功故事之一是关于伊曼纽尔市长对“食品沙漠”的担忧。“食品沙漠”是指很难买到新鲜、价格实惠、健康的食品的城市边缘区域。居住在芝加哥“食品沙漠”中的70%的居民是非裔美国人，大多数“食品沙漠”位于芝加哥的南部和西部地区。在担任市长仅一个月后，伊曼纽尔市长就在召开的一次“食品沙漠”峰会上，展示和描绘了必要的且在经济上可行的新超市位置图。戈德斯坦已经找到了获取电子数据表以及在表格中锁定数据的方法，并可以将数据显示在城市居民所熟悉的街道地图上。这促使数据能够以芝加哥市民立即可了解的方式展示，并与建筑和街道相关联，而不是呈现0、1这样呆板的数据。向人们授予查阅数据的权利，而不是仅仅出具一份数据表格，很可能让人们更快地采取行动。

传感器网络，强力优化城市日常生活

罗伯特·斯考伯（Robert Scoble）和谢尔·伊斯雷尔（Shel Israel）在《场景时代》（*Age of Context*）一书中确认了推动当今技术革新的5种力量：手机、社交媒体、数据、传感器和位置。芝加哥利用位置信息为其他4种力量提供情境。正如戈德斯坦所说，绘制类似地图的价值远超出人们的理解。[5]绘制的数据可以支持或反对某个特定的政策，因为它们在陈旧的理论基础上提供了实时信息。戈德斯坦认为，如果你认为政策行动有意义，但你手头只有陈旧的发表在期刊上的文章可以用于支持政策行动，那么我们需要更多数据。他认为，数字化治理带来的不那么明显但是重要的影响之一就是，让政策制定者习惯于想法必须通过相关数据加以佐证。在戈德斯坦认为就职于市政厅期间，对于那些待审议的政策，他会骄傲地说：“如果我说不存在有关数据，那么一切相关工作便会停止。”对数据的信心让他冒着对强大的选区，包括他的老板说“不”的风险：“我对伊曼纽尔市长的承诺就是我会做正确的事情，如果他需要解雇我，那么请便吧。”

戈德斯坦没被解雇，但他经常对传统政府缓慢的工作流程失去耐心。相比等待开会和审批，他发现直接在办公室内根据现有数据库提供的数据进行编程，再将成果发布在芝加哥公共数据门户网站上则显得更容易些。这就是为什么犯罪数据和“食品沙漠”项目完成得如此之快的原因。重要的是，保持改变的步伐：公布的数据越多，从数据中学习并使用数据的人就越多，整座城市将了解到政府部门与市民之间、政府部门与部门之间曾经是多么封闭。

为了提供帮助，戈德斯坦组建了一个团队，这个团队拥有各个领域背景的人，有市长办公室曾引进的政策合作人，有政府数字技术部门的工作人员，还有被戈德斯坦称为“书呆子”（Nerd Herd）的成员，即戈德斯坦任市长初期鼓励并聘用的芝加哥社区技术志愿者。“书呆子”成员以开放数据库的方式培训市政工作人员，并做出了独创性的、不可估量的贡献。例如，他们提供了一种自动化分析方法，评估与运输系统有关的推文，从而找到其中有关投诉的部分。

戈德斯坦的长期目标是，使芝加哥市政府成为像亚马逊或谷歌那样的企业，建立一个可以定期使用的大量实时数据系统，来预测未来城市发展趋势，并根据实际情况迅速做出政策调整。通过将不同城市部门的数据进行合并，以此展示那些看似毫无关系的事件之间的关联，让这座城市能够从不同的角度认识它自己。通过预测分析，市政府甚至可以积极地防范未来会发生的损失，而不仅是在事后做出响应。戈德斯坦的愿景就是：城市成为智能数据平台。

让政府与市民更加和谐

在任何市政厅，伟大的愿景必须要能够解决问题。为此，必须要收集数据。例如，2012 年年初，芝加哥的新政府知道它必须准备迎接一次重大的颠覆性事件：2012 年 5 月召开的北大西洋公约组织峰会。这样的情形是史无前例的。这次峰会将成为首个未在华盛顿特区召开的北美洲北大西洋公约组织会议，并需要芝加哥与联邦和州官员及非政府组织代表一同开展响应和协调工作。群众的抗议成为必定会发生的情形。

为处理有关问题，芝加哥的首席运营官丽莎·施拉德（Lisa Schrader，后来担任市长的幕僚长）希望能够深入了解她所选定的芝加哥任何特定区域有关的数据：各个街区拥有的资产（例如消防栓）、911 和 311 呼叫中心的呼叫记录、公共安全信息、与社区情况相关的推文和其他有用信息。2011 年秋季，戈德斯坦开始采取必要的行动，以构建施拉德需要的一切数字化工具。问题不仅仅是时间有限，还在于市场上不存在能够支持施拉德计划的数字化工具。他需要的工具要能够从不同系统中收集多个类型的数据，并将数据集成可视图像，由此获取她希望了解的任何特定情形所需的一切信息。

很快，戈德斯坦与革新和技术部门的项目经理丹尼尔·杜梅勒

（Danielle DuMerer）展开合作。他们志同道合。为了节省时间和金钱，他们两人以及其他几十个人利用芝加哥现有的应用程序建立了系统。例如，为了展示地图界面中所需共享的数据，戈德斯坦引用了芝加哥市当前拥有的由美国环境系统研究所公司（Environmertal Systems Research Institute，简称 ESRI）授予的许可的基于地理信息系统的绘图应用程序。为管理支持系统的数据，戈德斯坦和杜梅勒使用了开源数据库产品 MongoDB。

发布开放数据

结果就形成了对施拉德极具价值的 WindyGrid 软件。此外，这也成就了市长的长期数字愿景。作为芝加哥基于跨部门数据构建的首个产品，它证明了这类数据共享可能会带来好处。由于 WindyGrid 的出现，参与处理北大西洋公约组织峰会的芝加哥机关和组织可以看到他们决策的影响，并迅速做出政策调整。令人印象深刻的是，整个项目仅花费了 10 万美元。北大西洋公约组织峰会已经结束，但 WindyGrid 还在继续为任何需要的部门提供统一的城市运营信息。

2012 年 6 月，戈德斯坦从市政府离任，并开始担任芝加哥市的首席信息官和市革新和技术部门的专员，而伯曼成为第一副专员，并于 2013 年接替戈德斯坦担任首席信息官。从现在开始，市革新和技术部门（而不是市长办公室）将成为负责执行芝加哥数据分析、数据开放和其他数据功能的正式部门。伯曼表示，这促使他们的团体变得更加庞大，并能够防止受到政治倾向的影响。他曾担任市政厅的副预算主任，专门负责企业政策和绩效管理工作。他曾与戈德斯坦合作开展过多个数字项目，牢记他们的理念，提供让整个城市实现技术和革新整体进步的空间，这也是市长的雄心壮志。伯曼拥有 IBM 管理咨询和企业经营背景，而戈德斯坦具备技术领域的基础，因此他们已经做好充分的准备。他们的计划就是通过将技术嵌入城市运行，进而驱动决策制定，由此实现试点阶段的超越。伯曼表示："我们希望帮助所有部门将数据转变成有利于决策的重要信息。"在两人的带领下，市革新和技术部门实现了创新，并成为现代革新中心：城市整体的数字技术运营水平得到巨大提升，数据预测分析逐渐嵌入每一个机构的运营中。

下一个结构性举措就是将数据开放政策制度化，以便芝加哥 30 个机关能够协助数据工作的推进，而不是等待上级指示。2012 年 12 月，伊曼纽尔市长发布了一项行政命令，要求每个部门指定一位数据开放协调员，专门负责将可用的公共数据发布在开放数据的门户网站上。协调员还需对数据的准确性负责。市革新和技术部门需出半年报，记录城市在开放数据和透明度方面的进度。这是普及数字化治理过程中非凡的一步。最终，这些指定的协调员需负责使用和改善 WindyGrid，并为他们所在部门分析数据。这一结构性转变确保芝加哥做出的开放数据和透明度行动以及分析结果，远超伊曼纽尔市长在任期间做出的承诺。

通过建立和启动智能数据平台—— 一种支持 30 个城市机关在无专业数据工程师帮助的情况下查询数据的开源分析应用程序。伯曼开始着手实施芝加哥下一个数字化转型行动。为了让这种愿景变成现实，伯曼的热情以及过去几十年帮助政府采用复杂分析计划的经历，提供了很大帮助，有助于说服市政府部门，让它们相信，使用预测分析实时分析数百万条数据，以发现隐含的数据关系，将帮助机构做出解决众多城市问题的更明智、更及时的决策。这项说服任务的难度可能超出任何其他技术问题。伯曼一直缓慢、认真地在从事这一政治工作。伯曼认为，在每个市政府部门，革新和技术部门正在寻找一个能够向领导层证明这对他们而言至关重要的使用案例。政府机构与革新和技术部门一起通过识别最大的商业挑战、确定最容易受分析方法影响的因素，然后以最新的有效的解决方式提供相关数据的实用案例。这就是激发各部门使用平台积极性的原因。

跨机构协同，实现精准决策

举个例子，伯曼经常谈到有关鼠患数据的成功案例。伯曼和工作人员通过查询 311 呼叫中心的数据，在分析、了解数据之间相互影响的各个变量时，发现了鼠患问题，伯曼的团队还注意到主要投诉啮齿类动物的来电数量变量的变化。根据规章要求，在不得不采取行动之前，伯曼的团队并未让市政府部门参与进来，而是与街道和环境卫生部门的副专员以及专员查理·威廉姆斯（Charlie Williams）进行商讨。

这次商讨非常随意。伯曼和团队表示：“我们根据您提供的 311 呼叫中心的数据发现了很多有趣的事实。”伯曼知道，没有什么比假装自己比专家还了解他们的工作更能引起他们的不快。他发现小心的“打击”会让专家认识到预测模型可能会成为他们的朋友。事实上，模型结果通常与专家个人的直觉相符合。

街道和环境卫生部门的鼠患治理团队由乔西·克鲁兹（Josie Cruz）负责运营。克鲁兹已在市政府工作多年，对工作十分尽心并且愿意与伯曼的团队协作。伯曼想要了解 31 类与辖区鼠患有关的 311 呼叫中心的来电数据。一些数据关联结果确认了克鲁兹的直觉，例如，与老鼠相关的投诉经常与死鸟有关。

伯曼的团队提取了克鲁兹提供的数据中与街道和环境卫生相关的，以及啮齿动物控制机构是如何处理老鼠问题的相关数据，同时利用相关数据匹配了革新和技术部门做出的预测，重合率达到了 80%。革新和技术部门根据数据提出建议前往控制鼠患的大多数位置，也是克鲁兹准备前往调查、控制的位置。克鲁兹立刻受到了吸引。从伯曼的角度来看，这是一个完美的案例：团队已经能够根据数据展开有关工作。

伯曼希望每个部门都能采取这样的做法，因为革新和技术部门希望这些部门都能够在与他们相处时自在舒适，能够相互信任，建立友好的关系。就像纽约市数据分析办公室里的迈克·弗劳尔斯（详情见第 6 章），伯曼希望城市机构能够利用数据分析。这就是他选择鼠患作为例子的原因。街道和环境卫生部门同时还负责除雪、垃圾清理和树木修剪，但革新和技术部门并没有研究这些热点。伯曼说道：“虽然鼠患问题仅仅是其中一小部分的问题，而且你也不希望接到有关鼠患的来电，但这是城市最具风险的服务。”

因此，使用过去的水资源、街道、环境卫生和啮齿类动物数据，革新和技术部门能够建立模型，帮助城市决定是否需要采取行动：是否投放老鼠毒饵，以及决定城市的哪个区域需要投放老鼠毒饵。伯曼表示，没有人喜欢谈论啮齿类动物问题，但如果你是一个位于大型湖泊上的城市，就需要认真对待。如果我们能够主动采取行动，而不是等待问题发生，就可以更高效地投放啮齿类动物毒饵。

像往常一样，行政领导层是促使某个机构采用数据分析方法的主要因素。街道和环境卫生专员威廉姆斯曾对能够向他提供如何开展工作的技术小发明表示怀疑，但现在他是数据团队的支持者。威廉姆斯喜欢业余时间在地下室编制个人程序，他愿意接受上述事实。当他知道一定数量规模的实验性应用已经实施时，他便开始考虑充分采用这种方法。

事实上，在为每个部门挑选初始案例时，伯曼根据一份清单来决定特定的部门数据分析实践案例是否值得团队进行机器学习分析。啮齿动物控制可能符合清单中列明的多项因素。建议的案例必须解决部门真正关心的业务问题，又不能在政治层面产生过大的阻力。正如伯曼所说的那样，鼠患问题没有任何政治掣肘。实施分析方法对于城市工作人员而言不会有过大的难度。克鲁兹已经查看了 311 呼叫中心的数据以决定响应方法。为从新的数据模型中受益，他只需要在伯曼的监控中增加一些不同的类型标签。

因此伯曼和威廉姆斯决定通过适当构建试点项目的方法继续推进有关工作；该试点项目在卡内基梅隆大学的计算机科学家的协助下设计完成。他们在戈德斯坦供职于芝加哥公安部门后，便开始参与芝加哥的数据工作。他们组建了 4 个专门的啮齿类动物控制团队，每个团队以一周为时间单位交替使用各种方法。第一周，他们使用革新和技术部门的数据分析工具，并根据分析确定老鼠诱杀目标。第二周，他们以常规的方式着手开展工作。在试点的第一周，啮齿类动物控制团队需要根据革新和技术部门数据分析工具的指示，前往尚未向 311 呼叫中心投诉老鼠问题的房屋。结果证明，该房屋是芝加哥街道和环境卫生部门发现过的受鼠患侵扰最严重的地点。数据团队在这次实验中取得了巨大成功。

但之后，伯曼接到市长运营团队的电话，表示他们对于下一步的行动感到困惑。31 种呼叫中心中能够预测房屋内是否存在老鼠的那一类呼叫内容是，居民要求城市整理并替换黑色垃圾箱，这些垃圾箱是市政府免费向居民提供的。街道和环境卫生部门还有大量关于更换这些黑色垃圾箱整顿的请求尚未处理。市长运营团队中的一位成员提出，如果克鲁兹的试点项目继续实施，那么部门就会收到越来越多关于更换黑色垃圾箱的来电，因为市民会认为破旧的垃圾箱和老鼠问题有关。伯曼表示，积压的工作会越来越多，部门在绩效指标方面会越来越落后于其他部门。另一个教训是，革新和技术部门需要帮助人们了解分析结果的含义。

伯曼召开会议并清楚地解释黑色垃圾箱电话仅仅是其中一个变量。然而，市长运营团队对这些问题的反馈也反映了领导力必须自上而下并且充分放权。这些试点所带来的洞察力的执行效果取决于合作式的问题解决方案。如果这些试点项目的规划流程内包括市长办公室，那么城市数据运营的效果会更好。

市政厅知道这些努力所产生的结果利大于弊，并且上述数据分析项目将在整体上为更多突破奠定基础。曾作为使用案例的智能数据平台将继续发展。伯曼计划在初创阶段与芝加哥主要部门的每一位专员进行会面，向他们介绍智能数据平台的情况、城市使用平台的方式以及加入平台后会给每一个部门带来的帮助等信息。他会询问每个部门希望解决的问题，并与相关部门召开研讨会，鼓励他们思考实现跨机构协同以提升管理效率的可能性。他会寻找令市长和其他选区感兴趣的案例。

伯曼希望建立对非工程师用户友好的平台。她十分注意敏感性政治主题以及其他公共安全数据。他表示，警察局有它自己的分析人员。他知道未来三年需要与治安人员展开合作，协调他们与其他机构提出的分析计划。

如果工作进展顺利，芝加哥将建立一个能为较大范围内机构带来收益的智能数据平台，帮助许多市政府提高响应力。该平台利用免费获得的开源代码编制，支持其他城市使用平台的各个部分，以及芝加哥选择对外公开的任何数据和算法。前任纽约市市长迈克尔·布隆伯格的基金会已经为实现这一愿景向芝加哥提供了 100 万美元的资金。正如我们在第 3 章中所说的那样，当我们描述乔·莫里斯罗在纽约市的工作时，伯曼对新芝加哥智能数据平台的愿景就是创造可供其他城市重复使用，并且无初创软件开发费用的工具包和软件范本。此外，芝加哥的技术团队正致力于创建指导文件和模板档案馆，为其他城市提供开发自身预测分析项目的路线图，从而实现合作式的解决路线。

如果城市作为平台的这一理念能够实现，并应用到全球所有的国家和地区，那么任何城市都将能够直接轻松地查询其他城市的数据。实现这一理念很可能会带来巨大的益处：市政府能够快速高效地彼此学习。它可以减少封闭式机构运营所形成的障碍，因为全球市政厅不再需要回答在数据隔离状况下所必须解决的基本城市管理问题。比如，在危险天气状况下，如何以最好的方式确定紧急服务目标？如何确定健康服务干预目标，以便它们能够产生最大的影响？2012 年，芝加哥开始将不同的公共数据源迁移至数据库，这一数据库将在未来的某一天支撑智能数据平台。很快，其他城市可能会采取同样的做法。

数字化转型，让决策更明智、更及时

从其他城市的标准化数据中学习的能力与数据预测能力一样，都对市政府至关重要。为了支持跨城市数据协同的愿景，芝加哥已经发布了数据字典（Data Dictionary），这是首个政府的元数据知识库，作为所有芝加哥数据集和数据库描述信息的中心目录。对每一个数据集而言，数据字典包含参与项目设计的联系信息、更新日期以及数据所含的种类描述等信息。数据字典在麦克阿瑟基金会的支持下，由芝加哥市政府和芝加哥大学政策研究中心 Chapin Hall 共同编制而成。芝加哥的分析和绩效衡量主任小汤姆·申克（Tom Schenk Jr.）谈到了这些合作者对数据字典开发的关键作用，他表示，基于这些合作关系，我们才能够将革新理念纳入技术范畴。

数据字典是城市的模范项目，因为它建立在开源平台上，并且其他城市可以基于各自目的实现个性化应用。芝加哥已开始与那些希望建立自己的数据字典的城市展开对话。申克表示："数据字典功能的重要性变得越来越明显，但绝没有得到应有的充分重视。随着我们越来越以数据为导向，并且收集更多数据变得越来越容易和便宜，你怎么知道这些数据是从哪里来的，具体又包含哪些内容。因此收集并有能力搜索元数据变得与访问数据同样重要。"换言之，虽然芝加哥未公布所有数据，但它披露了所有数据的类型和数据项目信息。这有助于其他城市了解芝加哥的数据资源，甚至使它们在未来与之建立连接成为可能。芝加哥团队希望这是数字化治理的开端：如铁路测量标准一样，以供所有人共享和使用的形式来替换异常值和不兼容的结构。这一努力以及它所带来的巨大影响成为芝加哥和伊曼纽尔市长对响应型城市运动做出的最大贡献。

我们在第 2 章中谈到的丹尼尔·奥尼尔负责运营的在芝加哥应用发布前专门进行测试的社区用户测试 CUTS 团体。这是他在芝加哥智能合作社的工作之一，构成芝加哥城市利用数字技术的故事中不可或缺的一部分。奥尼尔及其团队将市政厅的数字开发应用到街区，以此验证这些开放项目在真实世界里的可行性。他们经常发现，与他们在市政厅所做的不同，在街区层面，数据和应用程序将产生不同的意义。

例如，芝加哥智能合作社在市长办公室为帮助父母了解学校停课情况及原因而设计的网站 field- testing schoolcuts.org 中发挥着重要作用。奥尼尔将这种想法引入他的 CUTS 团队，每 50 个地方选区就有一位成员。约翰托尔瓦表示，CUTS 团队是尝试突破市中心或市政厅心态的一种途径。对 field testing schoolcuts.org 网站而言，奥尼尔给每一位参与者提供了一张价值 5 美元的礼品卡，作为试用界面的奖励。然而，用户对界面感到厌烦，父母无法理解正在使用的数据。更有甚者，许多父母对整个应用程序都没有头绪，因为应用程序并不是以他们能看得懂的语言展现的。结果，应用程序发生了改变。

在很长一段时间里，社区用户测试小组成员在帮助城市解决监管与隐私权之间的权衡问题方面起到很大作用。市政厅了解居民感觉“这会对我的城市有帮助”与“这吓到我了”之间界限的唯一方法就是让居民参与测试。芝加哥智能合作社的座右铭是：如果这对你没有任何用处，那么它就毫无意义。

芝加哥智能合作社已经帮助市政厅避免了一些政治摩擦。在市长办公室考虑发布城市的 Open311 界面时，它意识到在芝加哥的历史上，50 名市参议员第一次有机会查询选区以外其他选区的市政服务请求状态。虽然市参议员一直可以查询所在选区的服务请求状态，但现在他们还能够查询其他选区的服务请求状态。这是一件大事：他们可以查看服务是否正以公平的方式在选区间分配。很明显，这充满了政治意味，但这一数据需要直观化。城市如何在不惹恼市参议员的情形下完成这一行动？约翰·托尔瓦解释道：“芝加哥智能合作社建立了名为 Chicagoworksforyou.com. 的网站。”通过由芝加哥智能合作社承担压力，市长办公室避免了可能会披露一些不安事实的压力。容易使用的界面以及不容争辩的数据让形势变得平静，芝加哥智能合作社通过提供技术智慧让这成为可能。

市政府官员经常担心向公众开放数据是否会让市政府陷入被动。然而，现实却几乎是相反的。那些希望扰乱或借机攻击市政厅的人总会找到方法。然而，一些居民和应用程序开发人员通过了解更多信息后向市政厅提供帮助终结了这样的情形。信任和共享的纽带通过开放行动予以加强。

数据字典，政府的元数据知识库

前美国钢铁南工厂距离芝加哥市中心南部仅 16 公里，位于密歇根湖附近。该工厂于 1901 年开始炼钢。20 世纪 90 年代，工厂与美国钢铁行业大多数企业一样遭遇停工，从此以后，便一直处于沉寂状态。目前，房地产开发公司麦卡弗里股份有限公司（McCaffery Interests）正和斯基德莫尔、奥因斯与梅里尔建筑师事务所（Skidmore，Owings & Merrill）合作开发这一地带。他们正在与芝加哥大学城市计算和数据中心的托尔瓦、戈德斯坦以及查理·卡特利特（Charlie Catlett）规划一个全新的街区。这个街区被称为“湖边”，并且将从零开始构建成为一个数字响应型街区。

尽管还在规划阶段，但该项目已使用数字技术，为该街区未来居民创造更好的生活条件。未来几年，市中心南部的这一地块可能会成为芝加哥智能水平最高的街区，甚至是北美洲最智能化的街区。

湖边街区的总体规划包括大约 14 000 户独栋住宅和高层单元，大约 2 500 亩的零售服务区，超过 60 000 亩的公园和自行车道以及一所中学。托尔瓦说道："这是一项庞大的事业，比卢普区更大。"

湖边街区可能会对芝加哥产生诸多有利影响。它会给芝加哥南区居民提供进入密歇根湖的通道，而此前这个地区的居民是无法进入密歇根湖的。当然，托尔瓦的巨大热情仍集中在数字化应用上。麦卡弗里股份有限公司和斯基德莫尔、奥因斯与梅里尔建筑师事务所正在使用数据驱动的决策工具对这个大型项目实施规划：数字模拟项目开发将对周边地区的交通和能源模式产生的影响。显然，这是之前从未发生过的，托尔瓦表示："实际上，戈德斯坦和我使用了非常精细的工具对城市管理进行模拟规划，但我们雇用的建设者还未使用过上述工具。"

查理·卡特利特及其在芝加哥大学的同事希望改变对建筑领域的旧有态度；而卡特利特认为湖边街区项目可能就是他们需要的契机。卡特利特说话声音柔和，在数据科学领域具有资深背景，目前他正帮助麦卡弗里股份有限公司和斯基德莫尔、奥因斯与梅里尔建筑师事务所将街区划分、规模和密度变化与未来湖边街区的能源使用及交通模式等内容相联系整合。卡特利特以中间人的身份安排芝加哥的阿冈国家实验室与麦克弗里股份有限公司签订了研究协议，卡特利特是该实验室的资深计算机科学家。此外，卡特利特目前正致力于向美国国家科学基金会寻求其他资金支持。他希望利用规划师已有的知识指导能源供应规划，并在湖边街区项目开始施工之前改变建筑规范。

卡特利特使用的第一个数字化工具 LakeSim 在麦卡弗里股份有限公司和斯基德莫尔、梅因斯与梅尔建筑事务所的职员之间轰动一时。利用 LakeSim 中设置的不同滚动列表和参数，包括分区、施工计划和潜在气候变化，开发人员和建筑师可以查看计划变化可能会对当前的能源和运输需求，以及最终对空气质量、居民健康和其他方面的影响。LakeSim 支持他们对分区决策和计划施工日期以几十年时间为单位，对单独建筑的影响展开测试。但遗憾的是，LakeSim 这个名称本身并不是“模拟城市”（SimCity）。由于真实数据和积极结果十分有限，因此选择范围将十分有限，从而导致无法开展有趣的测试。

从零开始建立智能数据平台

当然，卡特利特希望尚处于规划阶段的数据探索在湖边街区建成，并在连接至芝加哥其他地区后加速智能数字管理。通过预测建筑密度和设计对交通、空气质量、治安等城市基本要素的影响，他表示模型可能会解决那些需要 20 年糟糕经验才能解决的问题。例如，如果设计完成的湖边街区布满城市传感器，并依据传感数据进行分析，那么它可能会为现有城市范围内的，甚至最终为许多其他城市中出现的积极数据应用变化提供依据。卡特利特表示，如果他一分钟能够查看一个人口为 15 万人的城镇（例如伊利诺伊州内伯威尔市）部署智能网格采用的电力使用模式，那么就可以运营多个模型并对其做出比较，了解它们是否能够预测某个城市的实际能源使用行为，从而建立起鼓励消费者使用清洁能源的动态的能源市场。这将帮助他很快建立起一个符合现实情况的模型。他表示这样的模型带来的益处将不仅限于交通问题。如果存在某种方式可以推断出某个人是否在家或是否未使用能源，那么还可以验证一些交通模型。为该项目定制的具有同等重要性的模型架构将向公众公布。他之所以对建立传感器生态系统如此感兴趣，一个原因就是他希望保证数据从来不会被锁定在固定的数据库中。

卡特利特、托尔瓦和戈德斯坦建立了合作关系。托尔瓦对那些与湖边街区有关的环境政策问题十分感兴趣；戈德斯坦则对现实场景条件下使用的数据分析感兴趣。卡特利特认为在规划和验证这些计划方面，我们还只是处于数据分析流程变革的起始阶段。在干预开始之前，他正在收集真实的数据，“干预”一词在此是针对湖边街区规划本身。之后，他希望利用来自其他城市的规划和验证数据，并向社会科学家展示他的研究结果。

卡特利特的梦想就是让湖边街区成为变革中的21世纪的城市，至少成为全新的数字街区，也可能会对芝加哥其他街区产生积极影响。可以肯定的是：无论湖边街区最终能否建成，芝加哥无疑将在未来很长一段时间内站在数字化变革的最前线。

THE **品觉导读**
RESPONSIVE CITY

城市是一个数据化的多元有机体

从全世界智能城市的发展情况来看，虽然各具特点，但均呈现出了相似的趋势，那就是越来越多利用城市进行数据汇集和创新应用开发，通过运用大数据、物联网、人工智能等先进技术，服务于城市规划管理，以及满足日益多样化的城市综合需求。

城市是一个多元化的有机体，在制订城市规划时，大数据的汇集能帮助管理者还原以及进一步分析未来的趋势。不过，很多人会忽略的是，使用频率高的互联网应用才是大数据的主要来源，政务所得数据占的份额不多，而且获取障碍重重，主动协调企业和公共机构的参与才能让数据足够全面。以我的经验来看，有三类社会数据值得特别关注，它们分别是：移动设备数据、支付数据、位置数据等。

很多人认为，智能城市等同于智能政府，这种理解忽略了市民和企业也是城市组成的一部分，没有一个城市的预算不是紧缺的，所以敏捷的资源配置更有赖于城市中的成员与管理者的高度互动。但以往的时间成本往往是“收集”真实需求的障碍，所以即使传统民意调查有不少问题，但它还是会成为大家惯用的工具。几十年来，我们习惯了在数据稀缺的年代生活，粗略的数据收集造成浪费公款的情况很多。

幸运的是，大数据时代的到来除了改变数据的产生方式，还驱动了新一轮人工智能的兴起，现今城市中的各种功能，包括交通、电力、治安、购物、支付等，已经有不少人工智能的身影，更重要的是，它们形成了闭环——既是数据的生产者又是使用者。例如，当我上班使用汽车导航时，我从 10 分钟前在同一条路上的汽车留下的数据中获益的同时，也在贡献数据给其他人。应用闭环的重要性体现在快速优化上，数据的汇集、管理、应用、评价是一种集体智慧的互动。在汽车导航的例子中，我们每个人都参与进了这场大规模的城市交通的互动中。

另外，在智能城市的项目中，在做顶层设计时，最纠结的问题是切入点的决定，应该服务好的是领导者、管理者，还是市民？优先解决的是环保、交通，还是治安问题？

不管决定如何，我最关心的反而是市民希望从智能城市中得到什么。不过，要让市民给出答案并不容易。

我相信，数据的共享与开放是建设智能城市的基础，通过数据共享与开放，我们应该鼓励产生更多的创新应用。我更相信，智能城市是一个由政府、企业、市民反复试错和互动出来的成果。

THE RESPONSIVE CITY

05

智慧人才：以人为本的城市治理

数据驱动智能城市指南 THE RESPONSIVE CITY

1. 市政府需要更多能积极灵活地处理问题的员工，他们能面向民众，基于常识进行处理，而非死守那些办公规则。
2. 公职人员的努力带来的居民满意度，将会体现在居民的公共事务参与度和对政府的信任方面。所有这些均有助于提高公务机构的响应能力，提高政府行事的灵活性并缓解政府的僵化体制。
3. 通过放松过紧的管制，管理者可以让有创造力的员工自由地尝试调动现有资源，并以全新的方式进行重新配置。
4. 数字化工具使员工赋权成为可能，同样也可作为监控政府员工表现的手段。
5. 城市治理领域的数字化变革使得员工赋权和严格的问责制不再像以前一样只能二选一。通过智能手机和其他设备上的瞬时数据流，领导者完全可以在赋予员工权力的同时加大对他们的监管力度。
6. 责任制的源头是基于数据的招聘。数字技术能够帮助我们在降低培训成本的同时提升数据应用的普及度和效果。
7. 员工赋权可以给予公职人员更多工作自由，并以更快的速度解决问题。融合了数据分析之后，这种零售商式的行政方法甚至能在问题发生之前就将之解决，市民的满意度和对政府的信任感也会因此得到提升。

2011 年，曼哈顿第二大道居民的投诉如雪花般淹没了当时在纽约市长办公室担任特别项目干事的洛丽塔·杰克逊（Lolita Jackson）。纽约大都会运输署早在数十年前就计划在第二大道地下建设地铁线路，如今终于决定加大实施力度，首先从第 64 街到第 96 街建设 2.4 公里的线路。纽约城已经有 70 多年没有新建过地铁线路了，这里的居民完全没有为施工的影响做好准备。噪声、杂物和各类障碍物导致施工区内的商店不断关门歇业，周围居民已经不堪其扰。此外，随着施工人员驾驶的车辆涌入，居民很难找到停车位。

同时，脚手架还会挡住照亮人行道的路灯。垃圾车的路线依然不变，完全不顾及原来的垃圾收集点被施工遮蔽的情况，因而也就忽略了很多垃圾。城市执法机构按照固定绩效标准要求来完成工作的做法使问题更为严重：未能收拾建筑工人所留下的垃圾的居民和单位会收到卫生官员的罚单，因无处停车而被迫在工地旁违章停车的司机也会收到交通管理人员的罚单。

纽约市的街道工作人员必须严格按照既定准则开展工作，这导致他们很难依据具体情况和常识性判断进行灵活的工作处置。在走访相关地区后，分管项目的副市长戈德史密斯要求杰克逊解决已发现的问题。杰克逊迅速采取行动，指定跨机构人员组成了一个小组。该小组每周会在受施工影响的地区巡查一次。他们与企业主谈话、审查具体情况并尽力提供实时的帮助。此外，为了能够确定问题并尽量实现提前预防，该小组每周还在市政厅举行一次会议。

基于事实调查结果，杰克逊很快通过改变垃圾车路线和使用特制垃圾箱缓解了垃圾清理问题。此外她还变更了路面照明设施，改良了工地周边的标志，并与负责隧道建设的公司一起设法解决施工人员停车引发的社区投诉。杰克逊的所有解决方案均有助于提升社区居民对在建工程的信任感，以及对噪音与尘土等问题的容忍度。这些改良使第二大道的生活质量发生了显著的改观：施工区的店铺关闭数量骤减。与所谓的批发商式政府不同，批发商型政府是一切遵循一套标准与规则，而杰克逊所提供的是更加灵活的零售商式市政服务。她的方法更加人性化，更注重客户的满意度。她将居民的感受置于政府规则之前。

城市政府需要更多杰克逊这样能积极灵活地处理问题的员工，他们能面向民众，基于常识进行处理，而非死守那些 1890 年就出现的政府办公规则。在我们看来，城市治理领域的数字化变革能产生重大影响的原因之一就是，这种变革有助于我们寻找到甚至创造出更多像杰克逊一样的公职人员，并为他们提供所需的技术工具和授权。

通过对员工的大范围调查研究，戴维·鲍文（David E. Bowen）和爱德华·劳勒三世（Edward E. Lawler III）发现能够体现服务业绩的情况通常有两种：[1]一是设法“挽回”恶劣服务质量的影响。例如酒店在客人抱怨房间不隔音的情况下帮助客人换房，而非以无可奈何的口吻回复对方没有办法。二是根据个人的特殊需求调整服务的方式。例如在没有相关规则的情况下，主动帮助客人找到可以俯瞰动物园的房间，以提升客人的愉悦感。移动信息工具对以上两种情况均有推动作用。正如我们之前解释的，监控居民的推文内容是了解群体事件反应的有效手段，借助这种手段我们可以及时发现服务质量问题并加以纠正。对于现场公职人员而言，除了访问具体投诉地点所涉及的所有城市数据以外，他们还能收到与投诉处理措施相关的建议，并根据现场的具体情况进行灵活处置。我们相信，数字化治理的众多优势均在于将公职人员从批发商式政府的原始治理方法中解放出来，使他们能像零售商一样采取更加灵活且个性化的方式处理问题。

一旦完成这种转变，公职人员的努力所带来的居民满意度将在居民的公共事务参与度，以及对政府的信任感方面得到体现。所有这些均有助于提高公务机构的响应能力，提高政府行事的灵活性并缓解政府僵化问题。对客户满意度的关注有助于提升公职人员的服务效率和反应速度，并由此带来更高的市民参与度和提升居民的生活质量。

零售商式政府

我们希望实现这些目标。但很明显的是，零售商式政府和真正的零售商之间没有太多相似之处。举例来说，终点线（Finish Line）是一家有 650 间店铺的运动鞋零售商（戈德史密斯曾在其董事会任职），我们将会对顾客在零售店的体验与普通市民对政府服务的体验做个比较。

在顾客进入零售商店后，一位配备移动设备的销售助理会上前迎接。如果该顾客是回头客，则除了相关库存的详细信息以外，助理的移动设备还会显示该顾客的兴趣偏好，这些资料提取自该顾客此前到店或浏览公司网站的记录。如果该顾客是首次到店，则系统将记录此次消费偏好以供将来参考。获得信息后，销售助理就可以尽量选择符合顾客需求的产品颜色、尺寸和价格。有时助理只需通过手中的电子设备就能完成销售过程。

假设运动鞋零售商和普通地方政府一样运作，顾客将需要在柜台前排队，且最终每人都需要填写一份表格，并每次都需要重新输入此前造访时就已经输入过的信息。之后每位客户会获得一双尺寸规格相同的灰色鞋。虽然并非总是如此，但基本是这样。任何发现鞋码尺寸不对的顾客都有权通过渠道进行投诉。每项投诉均会产生一份工作单，而每份工作单最终都需要一位工作人员进行调查。

以上就是长达数十年改革时代开始前固化的传统服务模式：公共机构的正规化程度总是要高于私人公司。庞大繁杂的政府规章制度使管理者无法赋予最基层的员工足够的自由裁量权，来改变工作的结构和执行方式。

正如引言所述，政府依然以任务而非结果为导向。在任务已预先制订且没有改变的情况下，政府就无法对新信息或者在其他行业逐渐普及的预测性数据分析做出有效反应。难怪市民和公职人员双方都对这一体系下的体验感到不满。如此严格又缺乏灵活性的制度会产生众多症结：难以出现独创性的行动需求，缺乏个性化可定制的便捷实现途径，必须经过复杂的流程才能排除公共服务过程中出现的任何障碍。

除了市民以外，大多数的政府公职人员也同样痛恨这些繁文缛节。参与哈佛肯尼迪学院美国政府创新计划的艾伦·阿尔舒勒（Alan Altshuler）发现，与批发商式政府中等级较高的管理层相比，更有可能做出响应式创新的是在基层工作的那些基层公职人员。[2] 与市民直接接触既能为创新提供动机，又有助于为能够有效实施的创新积累必要的知识。正如各州和地方政府专家迈克尔·利普斯基（Michael Lipsky）所指出的，对某些在街区工作的公职人员来说，非常关键的一点就是在决策时不要死守既定的规则，而是要具体情况具体对待。这些公职人员需要同时具备深厚的专业知识、坚定的工作态度以及无法在法规中找到的社会常识。[3] 但是，授权、培训和适用工具的缺乏，常常妨碍公职人员按照自己的想法来处理问题。

不断提升公职人员的主观能动性

大多数城市里的修理主管均行使监工职责：跟随工人，追踪他们的工作时间和出勤率，观察他们的工作情况并限制工人的行为。这些主管会用大量纸质文件记录自己的观察和评估结果。但是，在波士顿，公职人员在与上级协调后，可在事项优先级的选择方面拥有更多的主观能动性，原因就是他们可以通过第 1 章所述的市政工作人员应用程序实时（精确到分钟）接收最新的服务请求信息，包括位置和严重程度。波士顿公共工程部门办公室主任马特·梅尔指出，这个应用程序改变了他们工作的方式。除了让公职人员在工作时获得更多自由裁量权以外，这个软件也能够提升监督者的工作效率。他说："据我所知，没有任何其他公共工程部门的区域主管的工作和我们一样，我们不再跟随工人确保工作完成，而在全市各处通过高级移动设备创造新的任务或进行任务调整，并同时上传可与公众分享的在线图片。"显然，获得上述权限的公职人员能够为市民提供更好的服务。

审批而非扼杀

目标冲突也是政府职责无法回避的问题，例如如何在确保市民健康和安全的同时帮助小企业创业起步。为了清理并不常见但危害较高的违规者，我们设置了详尽的监管程序，但这些监管让更多合法且诚实的企业或承包商付出了高昂的代价。这种高昂的代价现在完全没有必要存在了。

数字化变革亦能显著改善"审批"这一重要的政府服务。在已进入 21 世纪第二个 10 年的今天，无论是对新建筑物还是新业务，良好的城市许可制度理应不再涉及任何纸质文件。相关的技术已经成熟，申请人可以按照可检索的数字格式提交所有文件。之后审批机构的每项决定和补充也应以数字形式进行，当然，所有从事备案工作的市政公职人员和申请人也可以通过系统获取相关电子化信息。公职人员以僵硬的方式检查信息框和备案表格的时代已经过去，现在应该由经过良好培训的分析师来对申请进行分析与打分，评估依据包括相关项目的危险性和复杂性，以及对所有当事方的全面调查。这些评估需要核实的事项包括：其他公共数据库的历史记录、安全记录，适用法律的合规性，税务拖欠情况和经过验证的客户或雇员索赔情况。身份验证软件可帮助分析师确认所获信息的准确性。

政府可以借助这些评分系统快速确认有良好记录的申请人，无须再去审查本来没有任何问题的业务，市政工作人员可将更多的精力用于审查复杂性更高或较为可疑的申请。受过专业培训的评审人员有能力以更快的速度做出更好的决策。

想象一下，在公园工作的市政公职人员像终点线公司的员工一样工作时会产生怎样的变革。举例来说，如果一位家长希望市政公职人员能修好操场秋千上的一个破损座位，该公职人员通过智能手机即可做出回应。在拍摄现场照片之后，该公职人员可下达修理订单，获取项目的跟踪编号和工作日期并将这些信息提供给报告问题的家长。过去那种不透明且冗长的过程如今只需 5 分钟就可以解决，不难想象市民和公职人员的态度会有怎样的转变。

这些转变是完全可能实现的，这也是《数据驱动的智能城市》这本书贯彻始终的观点。所需的技术已经出现,对变革的需求也显而易见。通过本书所述的各种事迹可以看出，如今我们唯一需要的就是决心和领导力。

智能化工作：数据驱动型决策

有关组织创新的文献指出，向员工下放管理权限可以显著推动创新。通过放松过紧的管制，管理者可以让有创造力的员工自由尝试调动现有资源，并以全新的方式进行重新配置。权限的下放还能在员工中产生对工作质量的控制感和责任感，并由此激励员工寻找新的解决方案。数据驱动型治理在以上两个方面都有推动作用。

使用数据定位社会服务目标

以儿童福利办公室的困境为例。过去几年来，某些州和大的城镇的儿童福利机构负责人发现，自己遭到了当地媒体的攻击，其中许多人已经丢掉了工作。鉴于儿童福利方面的各种问题，即使最优秀的负责人也会感到棘手：员工的人数众多，专业和勤勉水平千差万别，并且还总是要面对易受伤害的孩子做出各种艰难的抉择。联邦法令带来更多的费用和负担，其中很多规定只是为了确保那些拿着较低收入负责处理儿童案件的公职人员能遵守严格的程序。因为一旦出现严重决策错误并导致死亡，或任何使事件出现急转直下的转折，媒体和州长的政敌马上就会借题发挥。

正如本书引言所述，此类受到高压的政府机构总是能够借助数字化和通信工具为服务对象脆弱的家庭提供更好的服务。

鉴于资源方面的制约，政府的社会服务机构必须将服务目标锁定为最需要政府服务的人群。纽约游民服务局（Department of Homeless Services）正与 SumAll 基金会（SumAll Foundation）合作找出逐出事件的高发区，在上述地区有大量的家庭需要帮助，低收入家庭被房东逐出成为无家可归者。通过将当前避难所入住数据的可视化处理，这些机构可以确定最近驱逐事件频发的社区，由此即可有针对性地提供服务以防止更多的居民无家可归。SumAll 基金会执行董事斯特凡·希克（Stefan Heeke）表示："我们正在帮助办案员针对高危目标进行预防性宣传。""我们会为他们提供一份特殊高风险家庭的列表以便单独造访，另外我们还准备了一份逐出事件高发地区的名单，以便他们进行区域性工作。我们的分析可以提升他们的工作效率，并为预防逐出事件工作节省宝贵的时间。"上述基于数据的趋势可视化成果，使流浪人口服务人员能将工作重心置于防止无家可归者的产生，而非为他们提供庇护所。

一旦找到适合的服务对象，服务人员就可以通过数据找到对该对象而言最好的服务方式。在某些管辖区，技术进步正在催生新型的儿童福利办案员：他们通过滑动屏幕，轻松访问受困家庭的最新信息和完整数据，并接入基于全人口信息识别风险因素的决策支持工具。所有这些工具都被装入平板电脑而非沉重的文件夹。

借助覆盖具体家庭和所有高危人群的完整数据地图，工作人员在分析式决策支持工具的帮助下可以迅速掌握情况、这样就能够提出正确的问题，并在数据支持下，以审慎态度引导相关家庭，使用潜在效果最佳的解决方案。除了让所服务的家庭受益以外，这些个性化方法在与其他服务元素更好地融合后也可节省资金。

我们认为，在数字化工具的支持下，这些情景代表了公共服务的未来。今天的政府还在计算与市民之间的互动次数，未来的政府则需要计算为市民实现了多少解决方案。今天的市政公职人员还在关注具体的工作，未来他们将关注自己取得了哪些成果。与当前基于层级的政府组织结构不同，未来的政府将没有明显的层级，基层公职人员将获得更多的决策权和自由裁量权。处理市民的常规信息等“市场化”工作将实现自动化或外包，政府将无须再为之投入运营力量，由此就可腾出手来让训练有素且准备充分的公职人员为市民提供价值更高的个性化服务。

一系列数字化工具还可以帮助尽责的公职人员在主管给予他们自由裁量权后打消对风险的担忧。无论面对的是家庭还是监狱，又或者许可证的发放，很多在工作中需要评估他人的公职人员都要面临评估工作所固有的风险。公职人员在做出各种评估决定时，例如把孩子留在家庭中，或允许犯人获得最低监管或者监外工作机会，总要面对其专业工作潜在的风险，相关的担忧无形中会影响决策者的判断和资源获取。基于数据的决策工具可以帮助公职人员确保自己能提出质量更高和更可靠的结论，并在决策不可避免地出现问题时更好地保护自己。

寻找肇事者

前纽约市财务专员戴维·弗兰克尔（David Frankel）的事例最能说明数据对员工能力培养的推动作用。在赴市政厅工作之前，弗兰克尔在华尔街的银行任职，因此他对数据有着执着的热爱。作为一个富有同情心的纽约人，弗兰克尔认为，税收是考验政府能否公平对待所有人的试金石。他认为执法不力会使滥用体制的人获益，并导致遵守规则的人无辜承受更多税负的压力。他决心使用数据来提升系统的公平性。要想增加政府收入，一种简便的方法就是直接增加税收审计次数。但弗兰克尔担心财务部审计师的企业纳税人筛选还不够精确。在这种情况下增加审计次数，即使加大相关人力投入也会导致更多的守法公司被迫应对成本高昂的审计流程。

弗兰克尔提出了一个更好的方法：应用数字化工具来提高审计人员的工作效率。通过复杂的数据分析，弗兰克尔让他的下属在城市的海量纳税人信息中寻找异常情况和模式。举例来说，他采取的一种策略是标记类似企业中相对纳税额明显较低的企业。在分析工具的支持下，财务部成立了数据情报组来构建审计目标筛选模型。模型投入使用的前三年，就帮助部门收取了2.92亿美元的税费和逾期款项，其中有2 700万美元来自根本没有提交纳税申报表的公司。模型所分析的数据涵盖所有企业和个人的所得税和消费税，州和联邦税收数据，以及来自其他政府机构的非税务信息。在建模过程中需要比较多个来源的报告收入和费用数据，这样才能发现低报收入和未报税者。通过三年的努力，数据情报组让未变更税收状态而结束的审计案件比例从37%减少到22%，这代表部门生产力提高了41%。与之前“散弹”式的工作方法不同，纽约市财政部门现在可以将有限的资源集中在最有可能值得审查的目标上。

弗兰克尔的事例向我们展示了数据方法带领政府行为走向卓越运作的过程：利用现有数据，从其他来源挖掘数据并指派训练有素的团队提出正确的问题，进而创造性地运用数据算法。在数据工具的帮助下，纽约的税务审计人员可以自豪地宣称，自身合规的工作效率的提升完全值得政府为之进行投资。

洛杉矶还使用数据分析来揭露欺诈行为。多年来，针对日托儿童的纸质登记系统使相关服务的问责和审计均面临困难。经实践证实，换用“智能”ID可以追踪儿童相关数据，并利用数字方式保存记录，这样可以降低诚实供应商的成本，并为政府官员提供更多手段来追查不诚信的供应商。公共社会服务部使用一系列算法来分析系统内的所有数据，同时着重展示数据中可能存在问题的异常值。该系统可以从托儿服务提供者的记录中找出可能存在的欺诈行为，并由此帮助调查人员专注于嫌疑更大的供应商。这项技术使该单位能够以积极主动的态度防范欺诈行为，效率要高于在热线电话旁守候。当然，该部门员工的士气也得到了提升，因为他们知道自己的工作能够帮助真正需要托儿服务的人找到备受好评的服务提供方。

数据化警务管理，引领精准警务新时代

今天的市政府希望警方的运作系统能遵循一套严格的规则，范围从拔枪时机到填写交通罚单等。在这些规则的严格制约下，警官还被要求在紧要关头瞬间做出决定。但是在到达事发现场之前，警官却

很少能获得关于案件的实时信息。未来我们的警官将能够获得所有相关信息，这些信息在可能影响工作条件的变化发生时能获得及时的更新。数字设备可以迅速收集有关信息，包括嫌疑人或路过车辆的车牌等。这些数据将有助于警官确定需要阻止或调查的人员，并因此提高他们的工作效率。和税务部门的案例一样，数字技术有助于降低无辜者受政府行为干扰的同时，能更好地减少针对错误安排的申述。

包括纽约市在内，全美各地的警察部门都已经习惯于使用数据，这一趋势可追溯到 20 世纪 90 年代威廉·布拉顿（William Bratton）首次担任纽约市警察局局长的时候。当时布拉顿独创的警务责任系统 CompStat 还很原始，他将带编码的大头针钉在地图上来追踪不同社区的犯罪行为。随着时间的推移，该系统发展成了一个庞大的计算机系统，并获得了巨大的成功，据称这一系统使全市犯罪率下降了 60%。如今，再次担任警长职务的布拉顿正在以督导数据型治安为目标在三个领域进行下一轮变革。

第一，布拉顿新成立了一个能够动员市民 / 劳动者参与的办公室。该部门具备全局的问题分析能力，可以实时了解社区居民和公职人员较为关注的犯罪、安全和司法的问题，范围远远超出了传统的犯罪报告。更重要的是，为贯彻布拉顿提出的“让所有警员更聪明地工作”的思想，纽约警察局正设法在 99% 的指挥人员中普及这些功能，使他们每个人都能在城市网路中同时处理三件事情：打击犯罪、解决社区问题和调动警力。这些重要进步体现了使命和资源的关键性协调，这种方法使警方的目标从仅仅打击犯罪拓展至社区支持，同时还有助于简化组织层级并激发创新。

在布拉顿的领导下，负责上述工作的是战略行动部门的副警长扎迦利·图明（Zachary Tumin）。作为布拉顿在哈佛大学肯尼迪学院的前同事，图明最初于20世纪80年代在布鲁克林地方检察官伊丽莎白·霍尔茨曼（Elizabeth Holtzman）的办公室担任特别助理，因此除了理解犯罪问题和布拉顿的目标以外，他还为如何将新工具融入全新的任务体系提出了独特的见解。

社区反应能力和权力下放将成为新任务的突出特征。图明解释称："数字化变革将引领精准警务的新时代，今后一切都要因地制宜且不断变革。适用于所有情况的规则已经成为过去。我们将为警务责任系统添加一系列度量市民、警员队伍和社区活力的指标，所有数据都将公开。这才是真正的数据驱动型警务！"

第二，纽约市警察局正在创建一个关键业务流程管理小组，任务是测试需要维持数据流动和传递的必要流程。例如武备箱配置等，这些环节要求及其严格，却经常发生问题，因而具有高测试价值。

图明还补充了关于面对保护生命，打击犯罪的需求。纽约警察局需要基于数据规律控制犯罪，发现犯罪的速度越快，预先阻止和干预的效果就越好。数据就是推动警务的燃料，没有数据便无法及时发现规律，因此会失去战机。即使拥有最尖端的技术，不能真正地利用好数据就代表你无法感知周围的变化。有时候，即使最好的飞行员也需要走出驾驶舱才能观察到周围的真实情况。

第三，纽约警察局以更全面的方式加入开放数据运动，用更便利的格式与市政机构分享数据。首先开放的是纽约市房屋管理局。结合众多其他数据源，让合作伙伴更明确被低估的犯罪高危环境的真实情况。

当然，纽约警察局的工具和资源并不一般，许多其他城市警察局也开始着手抓住数据驱动的机遇。2011 年，圣克鲁斯警察局试行了一套名为“预测性警务”的犯罪分析软件（Predictive Policing，简称“PredPol”软件）。2012 年，使用这款软件的第一年，圣克鲁斯的入室盗窃案减少了 27%，财产盗窃案减少了 19%。2012 年，洛杉矶部分社区开始启用 PredPol 软件后，整体犯罪率下降了 13%，然而同年洛杉矶市的整体犯罪率却略有上升。

PredPol 成功的关键在于其特性。该程序由加州大学洛杉矶分校、圣克拉拉大学和加州大学尔湾分校的研究人员共同创建，可以预测最小 150 米正方形区域内可能发生犯罪的位置。

数据分析的作用并非要取代警员，而是增强警员的工作能力。参与开发 PredPol 软件的圣克拉拉大学教授乔治·莫勒（George Mohler）指出，分析平台是另一种可以辅助警员、提升各种手段功效的工具，其中包括警员在现场的最佳临场处置方法。基于我们得到的反馈，警察局内从局长到警员的每个人都能够快速有效地进行数据分析。

鉴于紧张的市政预算迫使每个人都追求价值最大化，警察部门可以通过数据分析重塑自己的形象。根据实施 PredPol 软件的部门的反馈，除了提升资源和人力管理效率以外，数据的利用还可以让基层的工作人员有能力做出效果最佳的决策。

利用数据控制罪犯

和日常的警务活动一样，数据分析也能为假释工作带来变革。5 年前，费城的成年犯缓刑和假释部门（Adult Probation and Parole Department，以下简称 APPD）的 295 名缓刑犯监督官需要监管 5 万名缓刑犯。面临如此大的人才缺口，APPD 希望确保将大部分精力集中在系统风险性最高的犯人身上。如能按照潜在暴力犯罪风险的程度（分为低、中或高风险）对最近假释出狱的人员进行准确的分类，APPD 就能节省出更多时间和金钱用于降低暴力犯罪复发的可能性。

APPD 还开始借助机器学习来更好地预测每名缓刑犯发生暴力犯罪的可能性。加州大学系统犯罪学和统计学教授理查德·伯克（Richard Berk）、APPD 研究总监艾伦·库尔茨（Ellen Kurtz）与宾夕法尼亚大学犯罪学教授杰弗里·巴恩斯（Geoffrey Barnes）一起将包含近 900 万个数据点的 12 万个非公开的全美缓刑案件记录植入了机器学习模型。每个记录有数十个变量，包括年龄、性别、入狱之前的居住地邮政编码、犯罪次数和犯罪类型。进行机器学习之后，APPD 将放弃之前关于累犯的预想，取而代之的是为软件提供原始数据和指令，让机器通过“学习”来指示未来两年内暴力犯罪可能的最重要指标。

令人惊讶的是，伯克的模型发现，缓刑犯原来所犯罪行的暴力性（或非暴力性）并非是他们未来做出暴力犯罪的有效预测指标，而初犯时的年龄等一些其他变量则具有更为显著的影响。对费城而言，实践管理的效益总能比学术研究成果更能体现该模型的实际价值。在面临复杂决策时，如针对特定缓刑犯的必要监管水平，该模型将依据所有可能的预测因子进行智能排序以得出可行的策略。现在，一旦任何新的缓刑犯在APPD登记，该程序就会根据已确定的预测因素将该犯人列入相应的风险类别，而APPD亦会根据程序的分类对该缓刑犯做相应的安排。巴恩斯提出，该工具成功的关键之一就是APPD对数字化手段的信任。如发现预测存在任何缺陷，相关工作人员只会认为这是模型中发生了技术性干扰。他们在发现缺陷后反而会更加努力地通过优化数据或加入新的数据来调整模型，并加强它的功能和准确率。

我们要再次提出本书的关键主题之一：领导力。这些数据方法的实施离不开APPD最高层领导的支持，正是这种支持使得相关团队在遭遇挫折之后仍然可以进行模型、数据的迭代和创新。

现在还无法确认这些创新是否确实能降低缓刑犯的整体再犯罪率。但可以确定的是，在该模型的帮助下，缓刑犯监管员的总体案件处理率增长了28%，且监管员的总人数与引入预测前相比还减少了15%。

市政公职人员的实际情况在多大程度上能达到我们所设想的数字化变革呢？尽管本书讲述了一些成功案例，但不可否认的是，前进道路上还存在着众多障碍。以数据公开化为目标的数据公开运动在实施方式方面不仅要做到全面和易于可视化，还必须将政府内外的人员都视为数据的主要消费者。费城案例的成功表明，在研究工作的引领下，搭配有才华的数据科学家，基层工作者对这些数据的接受和使用就能带来重大的突破。

建立自由裁量权与追责的良性机制

我们并不否认给予公职人员更多自由裁量权可能会导致行政执法的乱象，甚至会出现公然违反道德操守的情况。授权的目的首先是解决 19 世纪末期改革者针对公职人员授权滥用问题而设下的限制。2013 年，在政府改良运作的国会听证会上，政府改革委员会主席兼代表达雷尔·艾沙（Darrell Issa）就特别针对这个问题提出了意见。在有人提出公职人员授权的优势后，艾沙立即指出这些方法是否有可能会导致权力滥用，例如总务管理局在拉斯维加斯召开的高价培训。要想推动数字化治理在提升自由裁量权方面的作用，相关支持者就必须面对并处理好这个问题。

我们认为，数据驱动的“零售式”治理方法的效果要好于利用命令和控制的治理方法，但我们也承认这种转变可能会带来更多的错误或失败。一个创新的公共部门需要配备新式的控制和监管手段。幸运的是，给公职人员授权成为可能的数字化工具，同样也可作为监控政府公职人员表现的手段。

举例来说，典型的儿童福利部门管理者往往在问题出现之后，一头扎入文件堆中找出问题的根源，如今，利用数字化工具便可以提升保障工作质量的能力。办案员所做的任何专业性数据输入都可以即时访问，并通过基于时间和 GPS 的位置进行标记。

管理者只需浏览一个页面，即可快速了解办案员是否已经或将要错过预计的工作时限。在案件办理的后期，通过比对案例的数字记录，应用语言分析软件即可发现那些对不同孩子使用一样说辞的办案员。这可能表明他们漠不关心或在掩盖没有面谈的事实。餐厅或建筑检查员亦可借助同样类型的工具保障主观的监督能力。简而言之，使基层公职人员有能力解决基层问题的工具，亦可帮助他们的管理者清楚地了解这些公职人员的工作内容和表现。现在，公职人员和管理者可以选择双方最佳的沟通时机，即正在解决问题的时机。从更长远的角度来看，这些技术有助于监督人员在更短时间内更清晰地了解下属在哪些方面还需要更多的非正式辅导或正式培训。

换句话说，本书所描述的新型技术工具在提升基层公职人员处理问题时的创造力的同时，保证了他们的可靠性和责任制。选任的官员通过移动设备可获得关于下属的海量数据，例如他们做出决策的地点，这些决策是否会因种族或地点而发生差异，某位公职人员在各种不同的特定条件下分别贴过多少罚单或有过多少次逮捕等。与当前被书面文件淹没的审查监督方法相比，这些数字化手段更加快捷和全面。实现数字化监督后，管理者可以要求下属每天上报未处理完毕或者出现不良结果的事项，或者根据数据分析找出可能存在的歧视性决策。借助同样的数字化手段还可以更好地监督承包商及工人，还可以识别出具有高风险特征的承包商。

最终，监控数字化的进步将推动问责制度发生巨变。现在大多数政府衡量公职人员表现的标准是他们能否按规定执行工作，而数据分析使公共服务机构有能力直接衡量他们的工作成果。未来，以数据为纲的问责办公室、儿童福利部门管理层及其研究部门和数据科学家，可以携手共同寻找那些能为特定儿童和家庭带来最高效服务方案的员工。数据小组可以将服务效用与家庭特征相联系，这种方法便于为具体家庭找出相匹配的干预方法。此外还可以借助相关系统确定服务人员的工作效果何时达到最高点，由此即可最大限度地减少政府支出的浪费。这种系统能够自行积累数据进行机器学习和数据迭代，在获得并分析新的数据后得到持续的更新。最终新的系统将能够以更低的运行成本创造出更高的服务功效。

在强调给予公职人员自由裁量权的同时，我们亦承认放纵这种权力的危害。高效政府的问责原则意味着公职人员必须坚守公平、公正、平等的核心价值观。正如本文引言所述，这些原则就是市政府的组织结构总在限制公职人员权力的原因。在一个世纪之前，这种结构是确保问责制的唯一途径。然而，治理领域的数字化变革使得员工授权和严格的问责制不再和以前一样只能二选一。通过智能手机和其他设备上的瞬时数据流完全可以在赋予员工权力的同时加大对他们的监管力度。

数据化招聘与培训

责任制的源头就是基于数据的招聘。如今社会服务机构中的录用标准是受教育程度以及在书面考试中的得分高低决定的。实现数字化之后，人力资源总监可以查看办案员的背景、技能和培训记录，并发现适合这项工作的候选人的共同特征，这些信息可以协助总监做出更好的招聘决定。当然，仅仅做好招聘还不够。根据利普斯基《街头官僚主义》（*Street-Level Bureaucracy*）一书，我们需要“确保政府雇用的教授，评判、评估和咨询人员具备必要的技能、经验和培训，保证他们能以正确且最有效的方式行使自由裁量权”。[4] 在技术进步提升干预手段复杂性和工作灵活性的情况下，培训的重要性将会更为突出。

对当前的传统型城市政府而言，培训是一个薄弱环节。由于无法负担充分培训员工的成本，政府反而需要依赖严格的监督来防止错误的产生。技术进步逐渐帮助员工打破这些限制，下一步必然就是要为员工提供比以往更多的培训。主动响应型的市政领导者应该向下属说明必须严格执行的规则以及可以灵活处置的规则。每个市长都应在下属心目中确立必须坚守且不可动摇的底线，例如涉及公平、公正、诚实和自我检讨原则。以数据和技术为驱动力的机构需要通过培训灌输这些核心原则之后，再教育员工如何使用数据和技术进行创新。幸运的是，数字技术能够帮助我们在降低培训成本的同时提升数据应用的普及度和效果。

在融合绩效管理、培训和员工主动性方面，肯塔基州路易斯维尔是表现最好的城市。具有商业头脑的市长格雷格·菲舍尔（Greg Fischer）在竞选时就承诺使用数据改变市政运行方式。为了实现前述承诺，该市采用了一个名为路易统计（LouieStat）的严格绩效管理系统。在该系统的帮助下，惩治局主管马克·博尔顿（Mark Bolton）成功将部门的运营效率推向高峰。举例来说，在路易统计系统的帮助下，博尔顿成功改善了指纹提交工作这一过往表现不佳的关键领域。此前的每个月，州警察局都会退回 400 ~ 600 枚无法识别的指纹。

高错误率早已存在，但从未有人想过要进行改变，相关报告总是在归档后被人遗忘。博尔顿则不同，在路易统计模型的帮助下，他开始根据轮班天数、周日数和其他要素对错误进行审查。很快他就发现了存在共性的线索：同样的警员每个月都会发生指纹采集错误的情况，原因就是很多轮班的警员完全没有接受过有关指纹采集的培训。在这种情况下，仅仅是让更多警员接受培训这样一个简单的方法就瞬间将被拒指纹数量降低到了个位数。这种基于数据超高效率的解决问题的方法已经在整个部门中得到了普及。培训部门甚至直接使用路易统计模型来培训新员工，并为所有员工提供技能和职业发展培训。博尔顿自豪地宣称："培训和数据的组合现在已经在全部门得到了推广，还有很多人在思考如何确定存在问题的领域并将相关数据视为取得改良的突破口。这是一个深达文化层面的变革。尽管前进的道路还很长，但我们正在竭尽全力寻求更好的模型利用方法。具体而言，我们需要不断地进行教育、宣传和激励，持续构建有效的行为模式，并通过所有工作让更多的人加入进来。"

开源式赋权

垂直性的层级员工指令和控制系统的副作用之一就是，容易扼杀公职人员自身的创造性。究其原因，除了规章化监督的抑制以外，有想法且有才能的公职人员在获得信息的同时，还需要基于组织中其他人的授权才能真正实现自己的想法。数字化工具可以帮助我们突破这些障碍，因为这些工具有助于在公职人员协作和资源获取两个方面实现创意的无障碍流动。

举例来说，在创意中心（IdeaHub）系统的帮助下，联邦运输部（Department of Transportation，简称 DOT）经办的所有主管部门都可以就节省资金或提升服务质量的想法进行合作。据联邦运输部报告，有 30% 的员工使用过创意中心系统，由此产生的成果包括：超过 7 500 个创意、9 万多个评分、近 25 000 条评论意见，其中有超过 100 条员工意见已经转化为实践。

但是，层级化指挥和控制的障碍并不会自行消亡。2010 年，纽约市宣布启动一个广受欢迎的员工众包项目。有 300 名员工参与该项目，他们的任务是共同为改善市政运作提出一系列想法。该项目的初衷是，参与的员工将致力于实现自己的想法并在同事间进行宣传，由此该项目就从简单的建议收集转为推动创新的引擎。此次试点成功催生了一批可行方案，包括成立集中的研发单位，通过市政门户网站出售待处理的物品、实时的库存管理以及雇用内部专家为市政员工提供小型培训课程等。然而，在试点结束后，绝大多数公职人员均选择不再参与该项目。许多人都担心超出原有指挥体系的创意会冒犯自己的主管。一位热忱支持该项目业务的副市长戈德史密斯就被工会指称存在不当职务行为，而导致这一控诉的原因则是戈德史密斯建议向提出优秀创意的员工提供奖励。

当前典型的政府采购系统也存在和人力资源系统一样的桎梏，必须最大限度地降低风险和确保合规性，这种桎梏会阻碍创新解决方案的产生，并使利益向现有系统和旧有供货方偏移。对于希望解决问题的员工和新进供应商来说，现有采购部门实施的打击分为两层：一是供货商的审批，二是繁杂、漫长且僵化的采购方法。

就目的性和恼人程度而言，国内很少有系统能与纽约市的文德克司（Vendex）系统相比，文德克司是登记和审查有意参与市政相关业务的公司。在这个系统中，政府和公司双方要投入数十，甚至数百个工作小时数的艰苦努力，而最终的结论还需要数月才能得出。当然，防止无良或违法的公司参与市政项目的初衷是值得鼓励的，但除了冗长繁杂的报告以外就没有更好的办法了吗?

现在，供应商的注册流程依然复杂、耗时，但数据运用的基础已经奠定，我们可以用来排除不适合参与市政项目的公司。为便于市长数据分析办公室使用数据，市长合同办公室已将政府采购信息录入全市数据仓库。然而，市长合同办公室在注册流程中对其他机构数据的调用审查还是一项重要但难以确认的环节。

未来的采购员不会再依赖一些固化的程序。相反，使用数据挖掘，他们将有能力把向城市销售产品或服务的公司录入档案，其中某些公司甚至都不了解自身已经具备这样的资格。在筛选出供应商之后就可以使用数字化工具收集和分析数据，以评估该供应商是否符合相关的健康、安全和质量标准。通过其他算法还可筛查与该供应商关联的人的姓名和信息，以发现其中是否存在因欠税或其他欠款遭城市或州政府申诉的情况。冗长且恼人的申请认证程序将成为过去。在简化后的新的采购流程中，决策的依据不再是供应商的报表质量而是其解决方案的水平。在熟练运用数据进行分析之后，市政府就可以追求最佳的实际效果，而非具有最高安全性的程序的解决方案。

海量数据的优势不仅限于对特定供应商的查找和评估。数字公开化将使采购官员能够与其他城市和州的同事交流经验和见解。与单位定价相比，技术驱动式采购更需要协作和协调。

数字技术在推动采购流程合理化的同时，也在促成市政府进一步改良的意向。波士顿新城市机制办公室总监克里斯·奥斯古德（Chris Osgood）认为目前的规格制定和招投标系统的流程处理速度太慢，无法满足高科技需求。奥斯古德说："随着更多实验性技术项目的出现，在年初编写的规则可能到年底就会过时。消费者需求、技术可用性和关联系统都在飞速发展，我们的项目工作必须要跟上步伐。"

为适应技术发展，政府在选择合作伙伴方面要具备更大的灵活性。奥斯古德补充说，这种灵活性使得我们更需要数字技术驱动的行政透明度和问责制。在当前情况下，旧有的供应商和过时的规则已经成为创新性技术解决方案和战略合作伙伴关系的障碍。政府为防止采购出现问题而付出的成本比这些问题本身产生的成本高出数百倍。奥斯古德认为，"揭秘者"相关的规则越少，最终的结果会越好。更灵活但负责任的政府采购体系在实践中有何表现？我们可以通过一些早期的成功实验一窥该问题的答案，其中就有美国总务管理局的 Challenge.gov 门户网站。正如引言所述，联邦机构通过该网站提出挑战并为能够给出解决方案的人士提供适度的奖励。这种创造性的做法成功规避了现行传统采购流程对公共部门创新带来的诸多障碍。既不依据狭义的采购规定，也不使用昂贵的政府承包商，Challenge.gov 网站不依赖于任何现有供应商，其理念是除了供应商以外，政府更需要找到最好的解决方案。与先付款的被动方法不同，美国总务管理局通过向公众征求方案这一简单的方法，在最大限度降低风险的同时激发了有关数字化解决方案的创造力。

除了这些优势以外，该方法还能鼓励政府以外的创新和创业。正如引言所述，Challenge.gov 网站的成功案例之一是 Nomorobo，这是一款可以让预录的电话营销号码被屏蔽的电话程序。正是在 Challenge.gov 网站取得的成功让 Nomorobo 程序的发明人亚伦·佛斯（Aaron Foss）有机会联系到电话科学公司（Telephone Science Corporation），这是一家有意进一步开发 Nomorobo 及其他相关产品的公司。联邦通信委员会为成功反预录电话程序设置 25 000 美元奖金，由佛斯与另一名获胜者共享。仅 2 5000 美元就为公众提供了一种有价值的产品的同时，也让一家新兴的公司得以诞生。

自由与责任

越来越多的政府通过与营利性或非营利性组织的代理商签订合同来执行产品交付。通常这些代理商的员工有更多创新的自由，并有权获得更多与结果相关的数据。进而，能够免受部分无意义官僚体制障碍的影响，这些第三方政府代理人往往能更好地将数据运用与员工赋权相结合。同时，借助这些数据，负责此类第三方合同的政府官员也能更好地管控这些合作伙伴的表现。

在社会服务领域，政府可以使用所谓社会影响债券或后付费中标合同来减少开展新社会项目的前期成本和风险。在此类合同中，非营利性组织和投资者在投标时需要就最终成果做出承诺，而政府只会在这些承诺兑现后才会付款。举例来说，纽约里克斯岛监狱正在开展的一项降低再犯罪率的项目就允许，这些项目承包商使用各种不同的工具达成目标。同时，该项目并未像以往一样对承包商施加绝对的供资限制，取而代之的是基于最终累犯控制结果超出基准目标的程度，向承包商发放补偿和奖金。通过这种方式，政府往往能给予承包商政府雇员自身无法达到的自由裁量权。受财政紧缩、劳资谈判和公务制度的限制，公职人员往往无法灵活应对关键性需求，而按成果获益的社会服务承包商在这个方面可以获得更多自由。比如，一旦数据表明特定类型的年轻罪犯更容易受药物滥用的影响，承包商可以立即调动资源来解决这个问题。

工作规则限制的减少与标准式绩效评估两者的结合也能使准政府职能组织获益，例如经济开发公司或提供公共服务的非营利性组织。

对此类合作伙伴而言，数字技术的优势非常明显。曼哈顿布莱恩特公园商业改进区的巨大成功证明，将业绩指标与员工自主权相结合的数据驱动方法是可行的。纽约共有 68 个商业改进区，而布莱恩特公园是其中最著名的一个，原因就是该区域从以往的毒品泛滥地一跃变为全美最成功的公共活动空间之一。

布莱恩特公园商业改进区和其他城市管理区的联合创始人丹·比德曼（Dan Biederman）颇为激动地指出，他所做的一切都是为了追求最佳的“顾客体验”。他的办公室里挂满了各色的项目图表，包括按时间计算的犯罪率、公园维护问题、游乐设施每天的运作时间、每场户外电影活动的出席情况，以及布莱恩特公园内部或周边社区的社交信息等。能准确而及时地获得如此海量信息的能力使商业改进区的管理者可以专注于结果（例如用户眼中的公园清洁度）而不是具体的活动（例如已清空的垃圾箱的数量）。作为基层办事员的商业改进区员工也能够像他们的主管和公众一样看清问题和趋势的重要程度。在这种情况下就不难理解为何纽约市的商业改进区数量在过去 20 年间能如此快速地增长。很明显，在提升市政管理反应能力的道路上，为有能力的基层员工搭配数字技术工具是一项非常有效的方法。

激励员工并让市民满意的良性循环

员工赋权可以给予公职人员更多工作自由并以更快的速度解决问题。融合了数据分析之后，这种零售商式的行政方法甚至能在问题发生之前就对问题加以解决，市民的满意度和政府信任感也会因此得到提升。与此同时，更高自由裁量权可以鼓励公职人员，增强士气，进而提升服务质量。在数字化工具的支持下，信任感更高的市民和更有动力的公职人员之间将形成持续的相互促进的良性循环。

印第安纳大学的塞尔吉奥·费尔南德斯（Sergio Fernandez）与蒂玛·莫里多伽（Tima Moldogaziev）的看法是：员工赋权的目标是改变工作流程并让员工有机会获取与其工作相关的知识和技能，该做法与对员工创新的鼓励呈现明显的正相关关系。这项结果验证了创新管理相关文献中提及的经典结论：给予员工更多自由裁量权和学习与成长机会的组织，往往比其他组织更具创新能力。[5]

我们希望地方政府将来能借助数字技术的突破性进展完成这种转变。在这里我们需要再次提及纽约第二大道的洛丽塔·杰克逊。愤怒且满腹怨气的社区居民是她面临的一个棘手的问题，但她的团队针对社区面临的问题成功地给出并实施了创新性的解决方案。杰克逊和她的市政员工通过自己的主观能动性和灵活处置的能力解决了问题，并拯救了当地很多小企业主的工作甚至生活，这样的团队当然可以为此感到自豪。

无处不在的媒体曝光使今天的地方政府不顾一切地避免任何风险。这种恐惧感让市政厅的官僚风气进一步恶化，同时还压低了市民的信任感和满意度。数字化管理能让公职人员更清楚地评估风险并由此突破这些桎梏。基于上述理由，我们坚信，就政府和城市运作而言，数字化变革代表了百年来最为重要的机会。时机已经成熟，我们需要做的就是给予基层公职人员更多权限，并让他们更好地为公众服务。

THE RESPONSIVE CITY 品觉导读

稀缺人才的两大特质

想必大家都会认同这一观点，若想推动城市的数字化变革，人的阻力比技术上的阻力更明显。参考过去的经验，数据驱动型企业最需要什么样的人才？大家会很容易想起数据科学家、人工智能专家等。但我个人认为，不同发展阶段的企业需要的数据人才很不一样。但可以肯定的是，既懂业务又懂数字技术的人才特别稀缺。因此，我自始至终关注着数据产品管理者的培养，因为他们是数据能力泛化的关键人物。

若要提高企业对数据驱动的积极性，建立鼓励使用数据的文化固然重要，但如何开发能降低使用门槛的数据分析工具和产品更为关键。例如，阿里巴巴集团为了提高卖家的分析能力而开发的“数据魔方”，以及后来成为所有卖家必备的分析工具“生意参谋”都是数据产品管理者取得的成果。50人的团队服务了几十万的卖家，投资回报率也很高。我相信，只有降低技术门槛，才能让数据能力普及开来，而且好的数据产品开发是唯一的出路。

但有趣的是，“产品管理”这门学问在学院课程中不太常见，针对互联网的产品管理书籍更少。再加上未来将有更多数据产品是人工智能和数据所驱动的，也就是说人工智能和大数据会成为很多数据产品的标准配置。那好的数据产品管理者应该具备什么样的条件？他们更着眼于需求细分，了解核心用户群的需要，从实际出发把握真实需求。先验证问题的真实性，然后找出解决办法，正所谓做正确的事比把事情做好更重要。在设计数据产品时，首先需要预判效果和限制（成本、合规），其次要兼顾数据的质量和算法的效率、稳定性等问题。产品的创新都是大胆假设，小心验证，所以离不开利用数据埋点和分析预测结果的直接办法。产品管理者是产品的最终责任人，成功的产品必须把功能和定位与市场现实状况相结合。

记得当年在阿里巴巴集团工作的时候，为了培养数据产品管理者，我使用了各种方法，下了很多工夫。然而，好的数据产品管理者其实是技术、市场、用户体验与分析师的结合体。加入大数据和人工智能后的智能产品更是如虎添翼，但能否培养出驾驭它的数据产品管理者，是摆在很多企业眼前的难题。

THE RESPONSIVE CITY

06

智慧政府：从数据孤岛到共享共治

数据驱动智能城市指南 THE RESPONSIVE CITY

1. 依据机构的特定数据库管辖权限创建另一个更为“真实”的组织结构图。
2. 年轻、友好但不妥协，且愿意发掘问题根源的市政厅公职人员将成为城市数字化变革的推动者。
3. 建立一个覆盖所有公共事业单位的数据共享系统，进行开创性的系统整合，并使部分政府机构开始共享数据。
4. 一旦机构间的数据共享成为常态，一个部门的绩效指标将会改变它与其他政府部门之间的关系。
5. 我们真正的目标是以更智能的方式运用已有的数据进行分析，并使城市能够自行获得改善服务所需的信息。
6. 共享的目的是通过全局分析找出可行的知识，并由此真正提升城市的服务能力和质量，最终实现由数据驱动的智慧政府，其中的每个人都以自动化、常态化的方式共享数据。

纽约市的市政大楼有上百年的历史，市长数据分析办公室就在市政大楼内一扇摆门的后面。这间办公室不仅在选址上与数字化变革根本不搭边儿，而且其办公室光秃秃的蓝色墙壁上也没有挂任何数字艺术画或新闻裱框。这间办公室不大，也没有指定的办公桌，在政府常用的灰色地毯上只有和第一台计算机一样古老的标准办公隔间，以及堆放得满满的资料。而接待员的工作台上也只有一个装饰雪球和塑料海滩的景观装饰品。

除了散布在各处的白板上的无数便条和写于其上的字迹以外，没有任何东西能让人意识到这个无趣的地方对于纽约市政府的数字化治理事业有着怎样重大的意义。几年来，一直在 1012 号房间办公的迈克·弗劳尔斯和他年轻的分析师团队一起成功打破了城市的数据孤岛，并向人们展现了数据共享的力量，他们因此成为美国，甚至全球最好的城市治理团队之一。

弗劳尔斯的语速很快，但并不是因为急躁，而是他要表达的内容太多了。他有着典型的美国东部城镇口音，说话时有抖动右膝的习惯。他还有一张孩子气的面孔和友善的眼神，待人随性但从不多言。

> 2009年12月至2014年1月，弗劳尔斯带领着一小群刚毕业的大学生夜以继日地朝着一个目标努力：向政府证明各机构间的数据融合要远优于各自独立存储数据。为了达成这个目标，他们以循序渐进的方式开展工作。首先，是对陈旧的市政数据进行分析；其次，他们设法说服各机构将实时的数据汇集起来，并使该数据库自动响应各机构的常规分析需求。在成本方面，数据汇集工作仅产生了100万美元的员工成本和500万美元的其他开支。在纽约市有限的预算下，每个机构均获得了获取其他机构海量数据的功能窗口。这个被称为“数据桥”的成果大大提高了多个机构的内部分析能力，并从根本上改变了城市的运作方式。

纽约市在数字化治理上取得的成就颇为不易。弗劳尔斯必须克服市政机构固有的敏感性和“门派”思想，规划并执行各种琐碎项目来推动跨机构的数据分享，并说服相关财政负责人将资金投入到这个全新的大项目中。此外，他还必须保证这个项目在他离开政府岗位后依然能够存续。弗劳尔斯成功达成了所有目标。

不过，弗劳尔斯从未认为这是他的个人功劳，他还曾自曝数学很差。在他看来，数字技术只是起辅助作用，他和团队只是管理好城市已有的数据而已。他说："之前在数据获取方面存在很多毫无必要也没有法律依据的障碍，我们的任务就是消除这些阻碍。"他认为，只需要有适合的"领导力和意向"就完全可以实现这个目标，并且相关成本很可能也并不高昂。对此他曾笑称："我们肯定不需要波士顿咨询公司或麦肯锡咨询公司这样的大腕们来出谋划策。"

弗劳尔斯经常将他在市政厅的数据事业称为"侦查"和"情报"工作。这两个词是弗劳尔斯在巴格达学到的，他曾在那里为审判萨达姆·侯赛因的法律团队工作了两年。离开巴格达之后，他进入美国参议院常设调查小组委员会，开展了为期两年的金融犯罪调查工作。这些检察官和调查员的工作经历培养了弗劳尔斯坚韧、桀骜和勇于追求创新的特质，并引领他走向了数据世界。

弗劳尔斯的叔叔路易斯来自费城的蓝领阶层，后者在这座城市做了 40 年的啤酒运输司机。在父亲早亡之后，路易斯成了弗劳尔斯生命中最重要的人。从天普大学（Temple University）法学院毕业之后，弗劳尔斯进入纽约地方检察官罗伯特·摩根索（Robert Morgenthau）的办公室担任助理。弗劳尔斯很喜欢这份工作，他笑称检察官办公室就像个"邪教组织"。但弗劳尔斯需要新的冒险，4 年之后他被顶尖的威廉姆斯和康诺利律师事务所（Williams & Connolly）挖走。2005 年 3 月，弗劳尔斯被该事务所派往巴格达工作。

当时动荡不安的伊拉克让弗劳尔斯认识到了数据情报的作用。在调查萨达姆支持者的时候，弗劳尔斯想尽办法保护自己线人的安全。最早促使弗劳尔斯使用数据的则是来自陆军联合简易爆炸装置应对组织（JIEDDO）雇用的计量经济学家们。这些年轻人汇总了过往简易爆炸装置事件的数据，并通过这些数据找出巴格达市在特定日期内安全风险最大的路线。

结束巴格达的调查工作后，弗劳尔斯于2007年进入了参议院常设调查小组委员会，并担任财务欺诈调查员。弗劳尔斯非常享受这一就金融危机问题向委员会提供建议的顾问岗位。对他来说，这是一份完美的工作，他说："当时我可以独立地工作且基本不受限制，简直是完美的工作环境。"通过与卡尔·莱文（Carl Levin）领导的参议员团队的密切合作，弗劳尔斯发出了大量传票，并不断对所发生的事情进行质疑性分析。弗劳尔斯一直关注金融监管机构在应对危机和银行丑闻时所暴露的弱点。弗劳尔斯认为，政府在不断地犯错。2009年年中，他所在的委员会将工作重心从挖掘金融系统崩溃的原因转向了对经济刺激资金使用的深入调查，这让弗劳尔斯对这份事业的爱消失殆尽。

由于这些原因，当时已经40岁的弗劳尔斯在妻子怀有4个月身孕时选择了辞职，也可能是被解雇，他自称可能两者皆有。对他本人来说，那时最重要的事情就是再找一份工作。

社会经验告诉弗劳尔斯，人总是会被分为不同"族群"。作为其中两个"族群"的荣誉成员，美国国家安全基础设施组织和纽约地区检察官办公室，弗劳尔斯离开国会山之后就得到了"同族"成员的帮助。来自检查官办公室的一位前同事推荐弗劳尔斯为约翰·费恩布拉特（John Feinblatt）工作，后者是2009年纽约市的刑事司法协调员。全美反恐中心负责人迈克尔·莱特（Michael Leiter）就新职位的具体工作内容向弗劳尔斯传授了可操作的理论框架。

这个工作的具体任务就是帮助纽约市应对2008年的金融危机。弗劳尔斯被任命为金融犯罪特别工作组的主任，但这个所谓的特别工作组只有弗劳尔斯一人，他既没有下属也没有预算，有的仅是莱特建议的理论框架：掌握全局，不要只着眼于技术事宜。

弗劳尔斯非常尊重莱特。莱特当时承担着一个艰难的使命：以“9·11”事件调查委员会发现的情报工作失败问题为线索，汇集与协调美国中央情报局、美国联邦调查局和美国国家安全局三个机构的情报信息。莱特告诫弗劳尔斯，若想处理好多个机构之间的数据共享问题，就必须克服各种文化、法律、政治和技术上的障碍。莱特认为，技术问题很容易处理，只要别购买不需要的产品和技术服务就行。纽约市的数据工作当时面临着法律方面的挑战，但棘手程度要低于国家安全方面的法律问题，而且弗劳尔斯是一位律师，他可以找到解决民事法规障碍的办法。因此，莱特建议弗劳尔斯重点解决文化和政治上的问题。弗劳尔斯的第一步是要获得时任运营副市长埃德·斯凯勒（Ed Skyler）的支持。斯凯勒对弗劳尔斯在伊拉克的工作经历非常感兴趣，两人私下很快建立了良好的关系。弗劳尔斯完全不介意向斯凯勒描述自己在伊拉克的情报工作，他评价道：“就这样，斯凯勒帮我推开了各个运营机构的大门。”

从政治角度来看，获得斯凯勒的支持具有至关重要的作用：人们将斯凯勒看作布隆伯格市长的代言人。没有斯凯勒的力量，弗劳尔斯就无法对市政机构提出任何要求。但对弗劳尔斯而言，获得市长的支持只是他的第一步，是一个必要但非充分的条件。名义上来讲，弗劳尔斯的最初工作任务是通过汇总分析几个不同机构的数据来“应对”金融危机，一旦发现任何可疑或可能存在犯罪的线索，他就要转交执法权力机构处理，比如地区检察官。

在文化方面，2009 年年末，弗劳尔斯还面临着很多挑战，为此他将需要花费数月时间来收集“情报”。

建立一个更为“真实”的组织结构图

弗劳尔斯非常了解成熟的公职人员的工作文化。他自称是合格的助理检察官，因为他能理解并尊重与自己合作的警察。他还曾谦逊地指出：“我遇到的警察都非常优秀，他们上报的案情可靠，总会帮我多做一些事。”

费城的童年时光和成年后的事业历练让弗劳尔斯形成了一套坚定的处世哲学：抗拒大型咨询公司和常春藤盟校的那一套做法，也就是他所说的讨厌一切“蠢货”。他最厌恶和鄙视的就是那些剃着寸头，胡须刮得很干净的年轻顾问和穿着上千美元西服套装的政府官员问你是如何挑选垃圾的。而且这种以“垃圾式”的态度干了 30 年的公职人员很不喜欢弗劳尔斯的行事风格。在经历太多人事变动后，他们自然会变得过于敏感。对此，弗劳尔斯的态度是先把他们晾在一边。这些人就知道迎合，一辈子只会说“是”。和以往一样，弗劳尔斯再次以组织机构的“族群”形态为切入点，从费城到巴格达的经历让他知道每个机构就像一个“族群”，内部还分为不同的帮派。

弗劳尔斯绝不做被人忽视的“蠢货”，他开始向曾在检察官办公室工作的同事兼好友罗森（Rosen）寻求帮助。与充满街头智慧的弗劳尔斯相比，罗森就像是硬币的另一面，态度温和，言辞和气。在共同追寻与金融危机相关的有效情报的过程中，这对好友花了半年的时间侦察，并了解到公职人员所处的不同“部落”在城市官僚体系中所处的位置。和其他有创新意识的人一样，弗劳尔斯和罗森也很快发现了市政府运作的弊端：没有人知道自己到底在做什么。一开始弗劳尔斯并不确定症结所在，但很快就找到了根源。

在侦查期间，弗劳尔斯知道自己必须避免被其他任何机构看成是“踢馆的”。他告诉检察官办公室的人，自己没打算插手案情；向警察局解释自己不是来索要警方的数据的，向调查部门说明自己不会阻碍金融犯罪打击活动。这些解释并非谎言：他心中的目标是建立一个为其他机构服务的信息情报机构，机构的任务是提供信息而非采取行动，将其他机构视为客户并根据需要定制相应的产品。

弗劳尔斯和罗森购买了一块巨大的白板，在上面记录已知的市政数据中任何可能与金融犯罪有关的内容。他们派工作人员去现场处理具体工作，并将民事机构的正式组织结构图汇集在一起进行分析，这些工作包括发放许可证、检查工作场所等。然后依据这些机构的特定数据库管辖权限创建了另一个更为“真实”的组织结构图。弗劳尔斯指出，无论一家机构拥有什么样的行政管理系统，他必须知道在数字技术部门找哪个人才能拿到数据。弗劳尔斯开始不断地往返于各个部门，拿出自己作为存储器的 iPod 索要数据。

尽管偶尔会有挫折，但弗劳尔斯和罗森基本每天都能在白板上加入新的内容，他们掌握的信息量也在不断增长。到了 2010 年年中，这对好友提出可以为曼哈顿检察官办公室提供一项服务：通过分析不同来源的数据，包括物业交易、许可证和施工数据，可以更好地锁定抵押贷款欺诈案件。抵押贷款在纽约市是个年产值为 1.5 万亿美元的市场，弗劳尔斯认为在他调查期间，有数亿美元的抵押贷款是存在欺诈性的，因此检察官肯定希望能有办法强化相关的执法行动。

现在，是时候聘请一位数学方面的专家了。

发现和防止抵押贷款欺诈

在巴格达，弗劳尔斯见识了如何通过分析反政府军的战术数据拯救士兵的生命。这些情报是由陆军、海军、空军和民间承包商合作提供的，恐怕没人能想到这些“大佬”还能携手合作。在获得接触最高机密的权限后，弗劳尔斯了解到数据是如何转化为拯救士兵的保护伞的。然而从一开始，他印象最深刻的还是开发这些数据产品的人：一群 20 多岁、掌握特定计算机科学和计量经济学技能的数据统计人员。

弗劳尔斯从没想过，也不需要检察官办公室的官方声明，就表明检察官办公室对市长办公室的数据产品很感兴趣。他开玩笑说，地区检察官就像教派分子，总是在提防“官府”的干扰。弗劳尔斯意识到他并不需要向检察官推销自己的数据产品，只需告诉他们不要妨碍自己的产品研发就行。毕竟该产品的目标是更快、更准确地识别抵押贷款欺诈，又有哪个检察官会不想要呢？

弗劳尔斯认为，若想创造这样的数据产品，他需要一个在巴格达见到过的那种年轻人。为此他想到了一个简单的办法：在克雷格列表网站（Craigslist）上投放招聘广告。

弗劳尔斯回忆说，招聘广告要求熟练掌握任何看来与数学有关的技能：包括各种经济学、计算机科学、Excel 技能、编程语言。克雷格列表网站上的广告起作用了，弗劳尔斯找到了本·迪恩（Ben Dean），一位无可挑剔且聪明伶俐的年轻人。

在布鲁克林帕克斯卢普社区出生并长大的迪恩，刚刚从波莫纳学院数学经济学专业毕业。但真正打动弗劳尔斯的不是迪恩的专业资质，而是他完全符合弗劳尔斯“反蠢货”的处事之道。事实上，迪恩是弗劳尔斯见过的最友善且容易亲近的孩子。弗劳尔斯说：“这份工作对人格的要求甚至比技能更为重要，因为迪恩将不得不面对各色的基层巡视员、官员、检察官或警察，要是他表现得像个傲慢的小子，我们就完蛋了。”

对迪恩而言，选择弗劳尔斯的理由则是他既自信又冷静的特质，这种印象在迪恩正式上班后得到了证实。弗劳尔斯总是鼓励迪恩，给予各种支持并保护迪恩免受任何政治伎俩的打击。迪恩说：“弗劳尔斯确实很棒，他始终信任我，而且不会让我感到太紧张。”此外，弗劳尔斯还尽一切可能带着迪恩一起参与每次会务，甚至不惜为此与人争执。

令迪恩意想不到的是，弗劳尔斯的“反蠢货”原则为工作带来的成效。他的这位上司对机构里的其他人而言是一个很好的倾听者。迪恩说：“他从来不会自以为是，他一定要找到幕后的专家，就是那些在基层的数据处理人员。”迪恩指出，这些工作的成果就是不断地涌入信息，并让以弗劳尔斯为首的这个“侦查小队”感到没有哪项工作是沉闷刻板的。

迪恩的第一项任务就是调查抵押贷款欺诈。在查阅了来自纽约5个行政区域的约150件抵押贷款欺诈案的数据之后，迪恩发现了一个问题：在发生这种欺诈行为时，是否可以通过市政财产和建筑记录发现嫌疑？迪恩开始全面审视来自不同机构的所有数据，像警察汇总罪犯资料一样汇总有关建筑物的数据。

正如弗劳尔斯和罗森所料，在各个机构、各个层级的数据中，确实存在指向欺诈的线索。迪恩的分析成了抵押贷款风险过滤工作的依据。他和弗劳尔斯一起制作了表格。表格中采用政府标准的首字母缩略词，如“SAR”代表“可疑活动报告”，“UPAR”代表“异常财产活动报告”。地区检察官办公室可以利用这些资料将精力集中于调查嫌疑较大的欺诈活动。尽管只是一个用于概念验证的实验性项目，但这些结果已经清楚地表明，利用数据的过滤工作有助于更好地分配检控资源。弗劳尔斯说：“很明显，我们通过查看城市数据发现的指标，非常适合用来预测交易中是否存在欺诈行为。”

然而，这些情报没有得到实际应用，没有人因过滤结果而被调查。犯罪需要受害者，在这些案例中，受害者是银行，但银行不会出面。

对银行来说，起诉没有任何意义，即使是高达 4 亿美元的抵押贷款欺诈，在巨大的市场面前也不过是个非常小数量级的错误。另外，起诉会导致整个市场都被贴上“欺诈高发”的标签，导致银行难以出售抵押担保证券。没有愿意起诉的受害者，就不存在案件，有效的情报就无法转化为行动。

对此，弗劳尔斯的看法是：虽然从表面上看行动似乎失败了，但可以从另一个角度看待这个问题。因为现在他已经可以证明，创立一个汇集所有市政建筑数据的数据库是有现实意义的。

与此同时，弗劳尔斯已经开始着手建立自己的研究团队，成员大多是“青涩的孩子”。弗劳尔斯不希望他们形成如何完成工作的成见，而是希望打破固有的模式。他表示：“布隆伯格的任期将满，没人知道下一届市长是谁。因此现在就是我们打破固有模式的绝佳机会。只要能提供真正有价值的产品，让基层官员享受到从未有过的自动化和常态化的信息获取模式，并由此推进他们的工作进程，我们无须政治压力就能实现以点带面的转变。”

年轻、友好但不妥协，且愿意发掘问题根源的市政厅公职人员将成为这场数字化变革的推动者。

数据桥，动员市政高层官员的合力

2010 年夏季，弗劳尔斯的工作及其潜力在纽约市的另外两项举措中再次得到重视。副市长琳达·吉布斯（Linda Gibbs，其工作将在第 7

章重点介绍）发起了一个覆盖所有公共事业单位的数据交换和分析能力的建设项目。当时担任副市长的戈德史密斯已经接替斯凯勒担任运营副市长一职，并接手了 311 服务项目。戈德史密斯之前就倡议在市长办公室内部建设一个数据分析中心，并开始游说联邦管理和预算办公室为该项目提供启动资金。

随着工作不断取得进展，弗劳尔斯需要找个地方来放置他设想的数据共享设施。由于这会产生硬件和软件的预算费用，因此他必须说服联邦管理和预算办公室。弗劳尔斯一向尊重联邦管理和预算办公室否决提议的职能，作为一个自由主义者，他个人非常厌恶没有意义的大型政府项目。因此他与戈德史密斯携手前往联邦管理和预算办公室游说，并指出他的项目能通过提升城市的服务能力节省财政支出。

在对提案的硬件和软件需求进行调查后，弗劳尔斯获悉，刑事司法协调员费恩布拉特已经创建了一个名为“数据共享”（DataShare）的系统。数据共享系统的结构很原始，弗劳尔斯说它就像数字版老式气动管道系统，功能只能用于追踪囚犯，并允许刑事司法系统内部的不同行动单位共享关于特定囚犯的数据。虽然该系统实现了数据迁移，但并没有对这些数据加以存储或分析。然而，数据共享系统毕竟开创性地进行了系统整合，并使部分政府机构开始共享数据。对纽约市的 40 个政府机构及其 30 多万名员工来说，数据共享系统是个罕见的例外。多年以来，他们已经习惯守着自己的数据库且只在迫不得已时进行有限的数据合作。在四处询问之后，弗劳尔斯发现他可以自由获取通过数据共享系统发送的任何内容的副本，并加以保存。与此同时，他还了解到一个名为“全市性能报告”（Citywide Performance Reporting）的市民关系数据库，存储了市政单位收到的每个 311 呼叫中心的电话的相关数据，并且该数据库还构成了支持戈德史密斯下属团队大部分运营分析工作的基础性设施。弗劳尔斯询问全市性能报告数据库是否有足够的空间存放物业相关的数据和数据分享系统中的数据，对方的回答是：“它有海量的空间，尽管取用吧。”

除了需要联邦管理和预算办公室的拨款以外，弗劳尔斯已经有了现成的、能连接市内所有机构的数据库。他需要先将数据建模并放入数据库，再使数据库能够响应针对其中每个物业的谷歌式查询。弗劳尔斯为数据汇总项目争取了大约 500 万美元的预算，并为系统起名为“数据桥”。弗劳尔斯对该项目充满信心，因为他已经证明了数据桥的财政节约能力，并且可以利用现成的数据框架。不久之后，弗劳尔斯、罗森和迪恩将转战消防领域。

20 000 个安全问题，以数据驱动消除火灾隐患

2011 年春季和夏季，两个非法改建的建筑物发生了重大火灾，造成包括儿童在内的 5 人死亡。火灾是由于无良房东允许过多人住在不符合标准的建筑物里引发的。人们开始质疑政府未能尽到防火义务，并且在接到关于两座建筑物的大量投诉后，仍然没有采取任何行动。

拥有检查权力的房屋管理部门只有 200 名检查员，而每年通过 311 呼叫中心收到的违章建筑投诉高达 20 000 份。而在这 20 000 份投

诉中，只有大约 8% 涉及严重的建筑安全风险。在这个问题上，数据分析的作用可以得到充分发挥。在城市数据中是否存在被忽略的指标能帮助检查人员在 20 000 份报告中发现严重的安全问题？消防部门已经开始着手安排将风险分析工作的优先级别置于检查流程之上，但尚未完成。

戈德史密斯、吉布斯和费恩布拉特成立了一个工作组来处理这个问题。弗劳尔斯和他的团队接受了这个任务，迪恩成功找到了解决问题的办法。在数据方面，迪恩发现，通过综合使用建筑识别数据与地理编码软件就可以将各机构的大量数据整合起来，之后再将获得的数据和违章建筑相关的海量投诉进行匹配。在人员方面，与检查员面谈让迪恩获益良多，对方指出了工作中最重要的是对建筑物特定情况的直觉性看法。综合所有这些信息，迪恩发现，最能预测建筑高风险的两个因素是：建筑物的财产税是否及时支付（财政部所掌握的税务信息），银行是否已经取消了物业的抵押品赎回权（由法院管理局保存的抵押违约记录）。

2011 年 10 月，弗劳尔斯的团队给出了工作成果。根据分析指标设置的“红线”到位后，房屋管理部门可以优先处理那些触及了红线的投诉。通过这种方法，它们无须聘用更多的检查员就能以更快的速度发现最危险的建筑物。数据都是现成的，就像积木一样堆放在那里，需要有人将它们搭建起来。而数据桥的常态化、自动化数据访问功能就是这样的“搭建”过程。在这个项目中，数据驱动型治理方案的优势得到了充分发挥，既能节省金钱又能挽救生命。事实上，这些数据还同时推动了运营变革，戈德史密斯可以与消防部门和建筑部门，甚至是卫生部门，开展联合检查工作，以更好地解决建筑物存在的危险问题。戈德史密斯的运营措施和弗劳尔斯手头的工作均具有一个关键特征：跨越了纽约市政府中原有的“孤岛式”单位结构。

这样的变革具有颠覆性，其影响波及的不仅是房屋管理部门及其检查员。房屋管理部门已经开始采用基于风险和基于成果的两个新的关键绩效量化指标来衡量自身表现。弗劳尔斯指出，一旦机构间的数据共享成为常态，一个部门的绩效指标将改变它与其他政府部门之间的关系。政府中的公职人员习惯了当“事后诸葛亮”。消防员或警察可能会想，要是房屋管理部门去那个地方彻查过一次，这种火灾就不会发生。但是现在，他们可以通过实时的数据了解到房屋管理部门在发现最危险建筑时有怎样的表现。基于“族群”感情的抱怨难以自圆其说，对糟糕的行政表现更是如此。像致命性的火灾这样的悲剧可能会推动相关人员协调各自的工作。消防和房屋管理部门正在合作开发独立的风险评估工具，使双方能同时在算法的开发和基层工作两个层面展开合作，这证明它们已经开始携手应对最高风险的建筑。

所有这些成果的起点都是数据桥。2013 年年底，弗劳尔斯回忆称，一切都在按他计划的方式进行：“我采取的策略较为激进，我想建立跨机构的分析能力。现在消防部门内部都在争抢与数据分析人员的合作机会。”火灾悲剧发生之前，消防部门无法利用弗劳尔斯手中的机构间的数据，或他打破障碍的创新性方法来帮助自己重新安排检查优先级。

对于弗劳尔斯来说，数字化转型的关键在于先将数据汇聚一处，然后再等待机会。他说:“机会总会浮现，不幸的是，这次是以火灾的形式出现的。”迪恩指出，尽管每个机构都比其他人更了解自己的数据，但他们不知道如何通过其他数据让自己的工作变得更容易。不从小的项目做起，他们就无法理解汇集机构数据的价值。

推广成功，一切都在顺畅运营之中

火灾检查项目的成功正是弗劳尔斯想要的结果。各种各样的城市机构都开始渴求他提供基于项目的数据分析模型。对此，弗劳尔斯的态度是来者不拒。他说:“我们所有人又要在深夜和周末加班了。”但这并不是问题，“接到的项目越多，机会就越多。一切都向好的方面发展”。

原本只有迪恩一位分析师，两年后，弗劳尔斯又雇用了两位年轻人——劳伦·托尔伯特（Lauren Talbot）和凯瑟琳·关（Catherine Kwan）。迪恩就像黏合剂，和谁都能友好共事；托尔伯特负责摆弄技术设备，而关则非常擅长与客户打交道。三人都非常喜欢为弗劳尔斯工作，他们能从上司那里获得持续的赞扬、鼓励和成就感，以及几乎每天都有的免费午餐。对弗劳尔斯来说，团队凝聚力至关重要。

作为数据分析专业人员，这个团队当然不会将每个新项目都视为孤立的案例。相反，他们将每个项目都转化为推进整体事业的一环:每个问题都促使他们更深入地了解城市。弗劳尔斯说:“这让我们能更好地协调不同的项目。”

作为“客户”的各个机构均对结果感到满意，越来越多的数据开始流入数据桥，并在那里自动保存和更新。通过数据桥提供的实时数据越多，系统的价值和可持续发展性就越高。正如弗劳尔斯所说的，他正在试图建立一个离开他照样能持续运行的系统。

事情并非总是一帆风顺。有一次某个持有弗劳尔斯所需数据的执法机构来找团队，弗劳尔斯对对方说："我保证，只要给我你们的数据，你们就可以随意使用这里的所有数据，这样你们肯定能更好地掌握全局情况。"然而，对方的反应让他感到惊讶。

弗劳尔斯说："对方以'不需要'直接回绝了我。我很惊讶地问他是否确定，我从来没有听说过执法人员不想要数据的。对方只是说不需要，反正行动都是上面定好的。"

"这些事情听起来很可怕，坦率来说，我也感到很震惊，我的下属也是一样。我必须瞪大眼睛告诉他们'别说了'。但事实上，对方说得没错。市政的运作就是这样。得到消息之后就得按章行事，这些部门的预算也已经在削减了。"

随着影响力的上升，弗劳尔斯现在能够直接告诉对方自己有解决问题的能力。他承诺："我会查看联邦管理和预算办公室那边的情况，但我可以保证的是，你们的工作量一旦增加，预算肯定能跟得上。"在戈德史密斯和费恩布拉特都替弗劳尔斯出面施压之后，该机构最终放弃了抵抗并提供了数据。

很明显，虽然火灾检验项目的成功让数据桥得以走上前台，但在前进的路上还会遇到很多障碍。事实上，911 服务项目才代表了弗劳尔斯数据事业的真正腾飞。

消除噪声，从碎片中发现效率

截至 2011 年年初，在对 911 呼叫中心应急响应体制进行了 9 年痛苦的改造之后，纽约市终于建立了警察和消防联合中心，但 20 亿美元的投资也没有让这个中心真正实现数据的有效整合和利用。布鲁斯·盖思琪（Bruce Gaskey）成为纽约市数字技术和电信部全市紧急通信服务办公室的负责人之后，他的目标就是整合先前相互分立的应急响应系统。盖思琪的工作并不轻松，他要同时与消防和警察这两个以往不太合作的部门，以及全市紧急通信服务办公室和威瑞森电信公司（Verizon）打交道。而且它们任何两方之间都没有实现过数据整合，甚至没有一个能够标识数据特征的信号模式能将市 911 呼叫中心所有系统的数据合并在一起。

除了庞杂的文本数据以外，服务的性质也在一定程度上使得 911 呼叫中心的数据难以量化和分析。紧急呼叫产生的信息流会不断地变化，抱怨噪音的电话突然就升级成了打架事件，导致紧接着的 5 个电话全是关于同一件事。这种情况使得数据的含义难以进行数据化解析。对此弗劳尔斯说："举例来说，警官被派遣去解决一件家庭纠纷，但到了现场却发现，男人的脖子上插了根缝衣针。这是两个性质不同的案件，但 911 呼叫中心相应的电话只有一个。我们需要弄清楚其中的区别。"同时工作中还存在着无处不在的政治雷区。一旦警察局或消防队认定他们受到不公正的批评，他们可能会彻底放弃改革的努力。

尽管如此，为了能找出拖慢响应时间的罪魁祸首，盖思琪还是希望对 911 呼叫中心的电话进行细致的分析。升级开始后，布隆伯格表示：“我不明白为什么 20 亿美元都不能实现 911 服务项目的数据整合。”在这种情况下，盖思琪转向弗劳尔斯的团队寻求帮助。

盖思琪和弗劳尔斯一见如故。他们来自费城同一个社区，有着同样的智慧和幽默感。两人都是爱尔兰人，所以他们选出的相关输入数据样本工作包括了 3 月 17 日圣帕特里克节当周的数据。当然祖辈传统并非是这样选择的唯一原因，他们希望找一个单日 911 呼叫中心服务量较高，但之前和之后两天通话量较低的时间段。盖思琪利用职权为弗劳尔斯找来了之前一年圣帕特里克节当周的数据。正如弗劳尔斯所说：“我们需要证明将所有数据全部汇入的总体方案是有效的。”而各个机构均直接表示，弗劳尔斯和盖思琪的目标没什么成功的希望。

这时弗劳尔斯挑剔的招聘标准发挥了作用。他聘请劳伦·托尔伯特担任统计人员，但事实证明她还是一位程序员，曾在旧金山一家咨询公司任职的托尔伯特在之前的工作中积累了丰富的统计和 SAS 知识。她能够承担很多繁重的技术性工作，从而简化了弗劳尔斯和迪恩最初设想的流程。弗劳尔斯说，托尔伯特第一天上班就开始利用黑客工具攻破各种终端。之前甚至不知道自己还能用到黑客工具，这对弗劳尔斯而言完全是个惊喜，这是个强有力的工具。托尔伯特开始就盖思琪带来的数据提出问题。为了能了解来自不同机构的各种数据的意义以及这些数据之间是否存在联系，托尔伯特还自行前往 911 呼叫中心进行参观。最终，托尔伯特想到了一个将不同数据源连接起来的方法。

在 911 呼叫中心，托尔伯特注意到每个话务员的办公桌上都有一个号码。这时她突然意识到桌号是解决问题的关键。她可以在每天 3 万个呼入的电话号码前加一个字段，代表每个话务员的桌号，然后再匹配追踪已知呼入的电话号码。基于现有的设置，托尔伯特可以假设，每个座位均有一位话务员，且每位话务员每次只处理一个呼入电话，基于这个假设就可以筛除噪声数据。弗劳尔斯很喜欢这个办法，这种定性和定量相结合的办法很有创意，体现了真正的调查技巧以及深厚的统计和数据功底。以点连线，这一切就这样豁然开朗了。现在团队成员可以厘清从 911 呼叫中心呼入电话到市政响应这段时间发生的每一件事，并通过统计方法发现其中的异常值。

弗劳尔斯和盖思琪向接替戈德史密斯职务的副市长凯斯·霍洛韦（Cas Holloway）提交了上述初步成果。霍洛韦是位坚定且干练的年轻官员。他讨厌任何“傻瓜”，并和弗劳尔斯一样有种“现在就把事干成”的气势。霍洛韦做了一件极具个人风格的事情。他叫来了消防局、警察局和邮政特快专递服务（EMS）等机构的负责人，并告诉他们要和弗劳尔斯的团队合作，最好每周碰一次头。获得霍洛韦的支持让弗劳尔斯在消防和警察部门的影响力得到了进一步提升。

霍洛韦很快就发现了算法的作用，他称为“T 算法”（T-A lgorithm）。更重要的是，他愿意并能够利用自己的权力强制要求不合作的机构遵照他的意愿行事。改革离不开副市长霍洛韦的推动。弗劳尔斯说：“副市长曾问我，以前他们为什么没做到，我的回答是，那取决于意愿和能力。”

911 服务项目可能会彻底改变城市政府的各种环节。如今市政府可以利用 911 呼叫中心的数据更好地管理业绩，解决更多的问题，例如，为什么机构的内部规章会拖慢响应速度？如何才能更好地为城市服务？正如霍洛韦所说，“T 算法”让政府可以链接 911 呼叫中心的所有环节。通过数据分解，我们能厘清从电话呼入到救护车到达的全部进程，然后通过我们已经建立的联系找出其中的问题点。实际上，到这个时候还不能确认这些数据究竟能发挥多大的作用，但弗劳尔斯和霍洛韦已经认定了前进的道路。现在需要做到的就是将借由细致分解 911 呼叫中心的数据所建立的数据模型，转化为自动化和常态化的响应实践机制。

弗劳尔斯对他的团队所取得的成就感到很自豪：“我们现在能确定异常数值，让良好的实践常态化，并消除不良的做法。呼叫中心服务提供商可能会为了提速而触及红线，或通过人事手段压榨员工，现在我们可以通过精细的数据发现这些情况。一切都与服务的手段有关。提供服务的机构现在可以发现劳动力配给失误等各种问题。数据永远不会说谎。我曾经问过 20 个城市，没有一个城市将透明度提升到这种程度，或者它们根本不具备相应的能力。这种影响会迅速扩散，它会彻底改变政府与工作人员及居民之间的互动方式。”

数据牢笼已被打破

2013 年 4 月，布隆伯格签署第 306 号行政命令，正式设立市长数据分析办公室。弗劳尔斯被任命为首席分析官兼首席开放平台主任。凭借后一个头衔，弗劳尔斯开始领导纽约市的数据开放工作，即向接受政府服务的市民公开政府数据。弗劳尔斯指出，纽约市的数据开放法案是全美同类法案中最激进的。然而，弗劳尔斯特别关注的是公开数据对政府内部运作的影响。如今，姊妹机构按法案要求也可以获得定期向公众发布的数据，再也不需要专门去搜索数据或申请访问权限了，以前的数据和运营孤岛也就不复存在了。

让弗劳尔斯感到尤其自豪的是，他能够帮助市政机构建立内部分析能力。消防部门拓展了数据的运用，并增设了自己的数据分析师，由行政长官戴维·弗兰克尔领导的财政部充分运用数据桥来更好地掌握纽约市的税务欺诈现象。现在数据桥内含的统计分析工具可供40多个城市机构进行跨机构的数据分析，并且所有数据都附有能够关联纽约市建筑物的通用地理标识。弗劳尔斯说，最终每个机构都必须先参与数据交换才能获得使用权限，也就是说，只有向数据桥提供了数据的机构才能访问这个系统。

不过，最让弗劳尔斯感到自豪的还是他的团队的工作能力。他说："我们以优异的方法达成了目标，而秘诀就是我们的团队总能选择正确的目标提升城市政府的服务效率和质量。我们真正的目标是以更智能的方式运用纽约市已有的数据进行分析，并使城市能够自行获得改善服务所需的信息。"弗劳尔斯对此的总结是：数据牢笼已被打破。

最初被聘用来处理金融犯罪的弗劳尔斯，最终为城市带来了治理模式的全面变革。可以想象，他的年轻团队成员将获得多么巨大的成就感，就连市场也为他们的成就感到自豪。

弗劳尔斯肯定会说自己的工作不过是遵循了布隆伯格市长定下的

愿景，即人们有权期待他们的政府像世界上最现代化的组织那样进行行政管理。他和团队为市政数据分析事业做出的贡献，不过是将政府于 2012 年开展的稳步广泛的改革推动到了最后的高潮，即借助技术的进步，以之前不可想象的规模创造透明、公开且可评价的政府绩效。

弗劳尔斯同时也代表了一种全新的公职人员。完全不同于重复简单事务的旧有官僚式公职人员，弗劳尔斯的目标是借助数据，通过智能且具有创造性的方法，帮助机构解决问题。他有着极强的主观能动性，能依据自己的判断做到最好，并最终获得了纽约市政府最高政府领导者布隆伯格的全力支持。弗劳尔斯从小事做起，从不贪图功劳，一步一个脚印地做出了大量实际的贡献。

自 2010 年来到纽约市开始，弗劳尔斯一直凭借直觉工作，并享受着整个过程。他为自己创造了一个职位并介绍说，这个职位需要对智能化有一定的眼光和兴趣，热爱自己的城市，能尽全力避免失败。这些都是弗劳尔斯具备的优异品质。

得益于弗劳尔斯及其市政厅同事做出的工作成果，未来的公职人员可以利用现成的系统处理大部分政府常规的流程性工作，包括数据收集与服务交付门户、自动化许可流程，并利用这些资源来简化、按需定制服务流程和提升服务质量。尽管弗劳尔斯后来离开了这个岗位，但他对数据桥系统的存续充满了信心。毕竟这就是他预定的目标之一，因为任何依赖持续的人为压力的设计都注定会失败。

迪恩预计，在 5 年内，大多数机构都能在工作时利用其他机构的数据。他说，新一届政府公职人员，即他们这一代人，应该假设自己一无所知，进入基层了解各机构的实地工作情况。这些其实也就是弗劳尔斯对他的要求。弗劳尔斯说："我认为有智慧且具有探索精神的政府公职人员都知道，如何利用数据发现真正的问题并创造真正的效益。"

2013 年 12 月，当布隆伯格的市长任期届满时，弗劳尔斯表示，他所采取的每一步行动都旨在消除任何可能阻碍数据共享的文化或政治障碍，而这种共享的目的是通过全局分析找出可行的知识，并由此真正提升城市的服务能力和质量，最终我们需要实现以数据分析驱动的城市政府，其中的每个人都以自动化、常态化的方式共享数据。在弗劳尔斯看来，这个项目具有可行性和可取之处，是完全可以实现的。

弗劳尔斯说："我们需要做到的仅仅是克服旧有传统、帮派思想和对变革的恐惧。既然我这样一个没有任何数学背景可言的人，加上通过克雷格列表网站招来的年轻人和几台低配电脑与陈旧的数据，都能让全美最有影响力的城市重新思考最为基本的市政措施实施方法，那么任何人都应该能做到这一点。"

THE 品觉导读 RESPONSIVE CITY

政府革新，智能城市的内驱力

2018 年 6 月，“香港智能城市峰会 2018 年”在香港国际会展中心举行，探讨香港未来建设智能城市的基本条件。从国内外成功案例可见，如果智能城市要有一个懂得运用大数据做决策的智慧政府，那么，能充分汇聚大数据的基础建设就是关键之一。

近几年，从我服务于多个城市的数据委员会的经验来看，我体会到各地政府推进数字化城市的困难，相对于传统企业，政府在这方面的表现有过之而无不及。10 年来的落地经验告诉我，这种转型分为数字化、数据化和数学化 3 个阶段，能运筹帷幄的企业大部分是原生的（born-digital）的互联网企业。

一、信息孤岛

粤港澳大湾区内存在一个国家、两种制度、三套法律系统的现状。实现粤港澳的区域一体化优势互补，首先需要跨越制度的协同，也包括实现粤港澳间的数据安全流通。然而现在，这三个区域的市民都面对很多因为信息不畅通而产生的社会问题。别的不说，我还记得在杭州工作时，想申请一张内地的信用卡很不容易，买火车票又必须排队。10 年后从杭州回到香港又遇上另一个问题，我在香港不能用内地的信用记录。同理，企业的信息孤岛问题带来的影响比个人的影响更深远。虽然各地政策有差异，但正如港珠澳大桥解决的是人流车流问题，数据是否也可以建立一条“高速公路”呢？

二、互惠互信

随着政府推动数字化城市的步伐加速，上述两个案例显示，大数据可以作为连接工具，把不同政府部门的服务化繁为简，并以大数据作为更精细化的分析工具，尤其便于跨部门的审批。

智能城市的背后需要一个让政府变得更聪明的大数据决策系统，但前提是，必须处理好各部门之间的数据互通。

英国伦敦在建设数字化城市方面很领先，为了协调跨部门的协作，伦敦专门成立了伦敦官方情报小组（Greater London Authority's Intelligence Team），让不同机构的数据更容易打通，共同为建立智能城市的目标服务。

数据共享是现实需求，但数据安全难题也必须解决。有别于网络安全技术，数据安全的判断更讲求以应用场景为依归。跟全世界很多城市领导者一样，香港特别行政区行政长官在《施政报告》中提出的观点就是开放数据。毋庸置疑，在开放各领域的数据，尤其是政府的数据时，安全合规是基本。但开放与共享数据的关键又何止安全合规这么简单。我一直觉得，首先需要解决互惠互信机制，涵盖弱势群体及中小企业的参与，才可以真正鼓励数据共享。届时全民共享大数据的日子或许不远矣。

我想强调的是，近年来大数据被当作人工智能得以重生的原料，但大家千万不要忘记，大数据同时也是协助政府和企业做好决策的依据。

THE RESPONSIVE CITY

07

智慧理念：打破公务员赋权的 3 个障碍

数据驱动 THE
智能城市 RESPONSIVE
指南 CITY

1. 为城市居民提供更好的生活，更有效地履行市政公职人员的职责，为城市与市民之间的关系带来系统性的变革。
2. 公职人员角色的“拓宽”存在诸多困难，这限制了公职人员从任务执行者转换为问题处理者。
3. 良好的管理实践、员工领导、技术力量与更多员工自由权力的结合能够带来令人惊叹的成果。
4. 根据公职人员的服务绩效标准，最初提出的指导原则设置了相应的参数，可以给予公职人员适当的自由裁量权。
5. 作为最低标准，每个城市都应该通过提高透明度来减少当前流程的交易负担，从而保持公众的信任并促进相关问责。

各个地方政府中有很多英雄正在为实现《数据驱动的智能城市》一书中所阐明的目标进行着希望渺茫的奋斗：为城市居民提供更好的生活，更有效地履行市政公职人员的职责，为城市与市民之间的关系带来系统性的变革。即便身着领带、便服套装和休闲鞋，他们也要和竭力归乡的奥德修斯（Odysseus）、穿越奥兹的桃乐茜（Dorothy）、行进在魔都的弗罗多（Frodo）一样，应对凶猛的敌人、胆小的盟友和自身的不坚定。

财富喜欢勇气，城市官僚机构则恰好相反。任何企图改变当地政府的人都必须对抗为数众多的律师、采购人员、人力资源工作分类专家等试图规避风险的人，而这些人只是变革路上绊脚石中较小的那块。虽然我们不认为本书能克服一切体制内抵制改革的因素，但我们仍然相信，通过介绍其他同事在推动数字化治理的道路上与强大对手英勇斗争的故事，能够使有志于此的地方基层公职人员获得前进的动力。

连接卫生和福利部门

琳达·吉布斯在纽约奥尔巴尼附近的一个小镇梅纳兹长大。她出生于一个重视公共服务的家庭，她的父亲是市长，吉布斯毕业于纽约州立大学布法罗分校法学院，并于1988年进入埃德·科克（Ed Koch）市长设立的纽约市宪章修订委员会任职。该委员会制订了重组纽约市政府的远大计划，而精力充沛的吉布斯就以职员身份在这里开始了自己的职业生涯。几十年后，她和很多这里的同事将作为布隆伯格政府的管理层再次会面。

如今，沉静自信但不再年轻的吉布斯已经是纽约市政高层中久经沙场的老将。1995年，当6岁的埃莉莎·伊斯基耶多（Elisa Izquierdo）死亡事件风波正猛时，吉布斯正在为朱利亚尼（Giuliani）政府的儿童服务部门工作，当时人们指责市政儿童福利制度未能保护那位被母亲殴打致死的小女孩。在布隆伯格接替朱利亚尼成为市长时，吉布斯已经成为纽约流浪人口服务局的行政长官。之后她担任了9年的主管健康和人力服务的副市长，当时该市的大部分行政部门都要向她汇报，从市惩教局到庞大的为约200万人提供服务的健康及心理卫生署。

吉布斯拥有明亮的蓝色眼睛，留着银色的短发。在倾听他人说话时，她会聚精会神，不时地点头说“嗯”以示理解，在感觉紧要时，她会不自觉地插拔手中的笔帽。在众人面前发言时，她会双手接合，手指呈方形置于身前。

布隆伯格政府任期届满后，吉布斯跟随前任市长进入了彭博协会

（Bloomberg Associates）。该协会是布隆伯格新成立的一家公益性咨询机构，《纽约时报》称该组织为市政 SWAT 小队，随时准备为地方政府解决长期性问题。例如，将濒临失控的海滨转化为欣欣向荣的公共空间，或建造成能临近地铁的住宅区。[1] 在搬入彭博慈善基金会位于东区以玻璃幕墙装饰的崭新联排别墅办公室之后，吉布斯在这里会见了来自全美各地的公共事业人士，并继续着自己的事业。对此她的说法是："我希望了解现状，尽可能地帮助其他辖区解决任何棘手的问题。"

身负这样的职责，吉布斯认真考虑了来自政府内部的问题。汇集纽约市数十个市政公共服务机构所持有的市民个人数据的数字系统项目——连接卫生和福利部项目（Health and Human Services Connect，以下简称 HHS-Connect）。这个项目曾带来了难以磨灭的教训。她说，律师的抵制差点毁了 HHS-Connect 项目。然而，吉布斯还是设法保住了它，并在相关方面获得了丰富且宝贵的经验。

HHS-Connect 项目源于吉布斯 2003 年接受卫生和福利部门职位后不久，与前任缓刑和教养专员马丁·霍尔尼（Martin Horn）共进午餐时的一次谈话。2009 年，吉布斯在哈佛大学演讲时提到，她与霍尔尼有着共同的目标，即如何改善市民的生活。[2] 霍尔尼希望囚犯离开监狱后不再返回，吉布斯想减少无家可归者。这两个目标之间存在共同点：霍尔尼知道，有过流浪经历的囚犯更有可能在出狱后再次犯案。

两人决定携手合作。事实上，他们认为，很多的城市机构都应该就流浪人口问题开展合作。行动的第一步是制定一项协议，让不同机构的员工能够有效地协作处理个案。为此，他们二人花了 18 个月的时间编写方案，以便跨机构的员工能分享自己的案例计划和评估。

后来他们发现自己犯了一个巨大的错误。政府根本不能保证两个不同机构数据库中的同名人员是同一个人。同样，儿童保护服务部门的工作人员也无法确定是否有假释犯与其服务对象同住，甚至不知道档案中的孩子母亲是否正在享受另一个市政福利机构的服务。

吉布斯说："我们意识到，有没有好的基层分享方案根本就不重要，因为基层的员工完全无法实时了解其他机构与客户之间的关系，所以任何方案都是无法执行的。在这种情况下，我们决定退一步，开始着手建设 HHS-Connect 项目。"

HHS-Connect 项目的目标是解决基本的实际问题，即政府职能方面的严重断层。该系统会以单份快照的形式提供与特定人员相关的所有数据，而这些数据来自当前与该人员有过交集的多个机构。任何经过授权的市政员工都可以使用这个数据。但为了避免被人指责为政府监视项目，HHS-Connect 项目将不会成为永久性的中央数据库。相反，吉布斯说，这个项目的作用是创建一个"神经元突触"，并将相互分离的各个主机像脑细胞分支一样连接起来。吉布斯表示，除非当前急需某个人的资料，否则系统里什么都没有，并且一旦使用完，系统会立即清理相关资料，可将之称为公共服务版本的阅后即焚软件（Snap chat）。

纽约市公立医院和其他城市健康服务机构的接待人员现在非常喜欢使用这些快照功能。然而为了使其发挥作用，就必须用某种方式将多个机构数据库中存放的特定人员的数据联系起来。这并不是一件简单的事情。因为这些记录中的不同时间和地点都可能存在细微的差别，因此每当客户在城市健康服务机构进行注册时都可能导致新的错误，如姓名拼写错误或地址变化等。要想使 HHS-Connect 项目发挥应有的效果，就得用某种算法来尽量消除这些歧义，只有这样才能减少不同机构或者相同姓名的两组记录实际上并非对应同一人的情况。在这种情况下，通用客户端索引诞生了，这是一个能让 HHS-Connect 项目成为现实的软件，其中集成了数百个决策规则。

但软件不是唯一的问题。从完全不知道其他机构与客户之间的关系到经过授权的机构工作人员能获取关于客户的所有情报的路程，还需要在政府文化和法律方面进行重大变革。平均一位市民会和 5 个不同的城市机构有过交互。新的系统共涉及 9 个与健康和公共服务有关的机构。所有这些机构都非常担心自己会违反保密规定，在律师就这个问题提出严正警告之后，它们就更加倾向于不共享自己的数据。

如何打破机构自身的数据枷锁，是任何数据共享倡导者都要面对的问题。在处理这个问题时，吉布斯最喜欢引用的事例来自她担任流浪人口署行政长官期间的经历。一位服务追踪人员去探访一些为寻找永久住房而离开收容所的客户。这是标准政策，因为刚刚搬出收容所的人最容易再次陷入无家可归的状态。他发现客户家中的母亲正在面临毒品问题。事实上，来自另一个城市机构的相关药物滥用检查员当时就在她的家中。这时流浪人口署的公职人员向药物滥用检查员提出分享各自的记录并交换名片的建议。对方严正拒绝了这个提议，因为在药物滥用检查员看来，自己和客户之间的关系已经被“曝光”了，在这种情况下，共享任何数据都会侵犯客户隐私。因此药物滥用检查员选择立即离开，而非与另一家机构的同事合作。

当两位为同一个客户服务的公职人员在同一个房间内相遇时，为何其中一位要选择逃走？从吉布斯的角度来看，这个问题源于机构代理律师对复杂法律问题的过度解读。吉布斯解释道：“很多法律都存在过度使用和过度解读的问题，所以律师更喜欢采取保守策略，部分原因是这样能节省宝贵的时间，因为没几个律师想花时间去搞清楚哪些数据可以或不能分享。”就这样，专业人员之间完全合理的数据共享空间就被扼杀了。

吉布斯的解决方法是以毒攻毒，为此她聘请了一位律师巴布·科恩（Barb Cohen）来领导这项工作。科恩系统性地研究了有关最重要数据来源的法律列表，其中排在首位的就是人力资源管理局的数据：现金援助、食品券、医疗补助状况和医疗索赔记录，以及数十亿张租约、支付存根和出生证明的扫描图像。其他重要的数据来源还包括儿童福利机构、缓刑机构、刑事司法系统和房屋管理局。

经过细心的工作，科恩纠正了一些错误的印象。在某些领域，机构完全曲解了自己的责任，实际上法律要求它们共享数据而非隐瞒和独占数据。在其他领域，相关机构被允许在合适的情况下共享数据；而作为公开资料的刑事司法数据则完全不存在任何共享障碍。还有部分数据是完全无法共享的，其中包括艾滋病状态和精神疾病诊断资料。

科恩用条理清晰的分析让其他机构的律师确信，她理解并尊重适用于他们部门的法律。吉布斯说，重要的是让对方看到科恩和他们一样，在努力让市政机构免除法律风险。部门负责人害怕律师的意见。按吉布斯的话说，因为律师会告诉行政长官：您会被起诉。您知道自己需要为此担责吗？您知道这种责任无权由政府支付赔偿吗？之后这位官员就不得不在推进政策和对律师的信心，以及对制裁的恐惧之间做出艰难的抉择。吉布斯说，很少有人能做好这样的抉择。这就是为什么需要像科恩这样的人在自己身边。吉布斯说和律师打交道很考验手段，她需要在让对方有成就感的同时避免过度接近。说服律师变成了一项持续的挑战，因为不时会有新的律师来到这些机构，一切说服工作又得重新开始。

为了能让机构的律师放心，HHS-Connect 项目的设计考虑到了所有的法律问题。所有的资料都不会保留，HHS-Connect 系统一次只能显示一个客户的数据，能获得权限的人数很有限。吉布斯和她的团队将这个访问门户称为“工作人员连接”（Worker Connect）。这个访问门户基本上就是由一系列安全门构成的，除非有适当的法律依据，否则这些门永远不会打开。

吉布斯和她的团队以循序渐进的方式开发了一系列使用案例，将每一个精心定义的工作类别与仔细筛选的可以访问的数据联系起来。这个过程花费了大约两年半的时间。工作人员登录他们特定工作类别的 HHS-Connect 项目案例库之后，也只能访问与其工作相关的数据。吉布斯认为，该系统遭滥用的可能性不大。所有数据访问均可追踪，一旦出现问题可以准确地找到应当负责的人。他们面临的唯一阻碍是，律师不是 HHS-Connect 项目的支持者。受影响的机构负责人也认为自己有可能“登上同一条船”。他们的恐慌可以追溯到文化根源，吉布斯戏称他们是“想留住所有玩具的孩子”，感觉自己的数字技术职权或数据的管辖权受到威胁。要解决这个问题也要从文化角度着手。吉布斯为HHS-Connect项目创建了一个执行指导委员会，只有纽约市政府的部门负责人才能参加委员会会议。吉布斯自己担任会议的主席，而HHS-Connect项目开发的每个步骤都必须经过全体成员的同意，类似于公司的董事会。这个办法很奏效，委员都非常认真地履行自己的职能，而指导委员会的出现代表该项目获得了所有机构的认同。

HHS-Connect项目的卖点之一是，它的立意源自市政公职人员为市民服务的共同目标。出席指导委员会的每位长官都可以看到，在某人带着孩子和行李进入收容所的时候，再要求他提交已经不知交过多少次的出生证明和租约是多么不合情理。“这些人正在经历痛苦，”吉布斯提高了自己的声调说:“而我们就是不通人情的官僚。”她指出，这个系统能为所有部门带来实际利益：他们的生活会变好，再次无家可归或重新犯罪的可能性自然会降低。

还有一点有利因素是，HHS-Connect项目的建立方式符合吉布斯口中的“老传统”，即特别注意行政领域细枝末节的规定。她选择的项目总监卡梅尔·赫瓦尼（Kamal Bherwani）就同时具备了闯劲和丰富的政府工作经验，赫瓦尼用自己的方式完成工作，即聘请一家大公司并付给对方很高的价格。吉布斯认为赫瓦尼的办法是管用的。但是，当赫瓦尼的继任者，一位拥有丰富的数字技术的经验的外部人士试图将自己的专业知识带入政府时，赫瓦尼被政府的官僚体系彻底击垮了。

他实在不知道该如何说服官员执行他的计划，因而选择了离开。之后，吉布斯说，她还是得回归老派的处置方法。她对这个情况的理解是:“为了取得成功，我们必须为 HHS-Connect 项目找到阻力最小的路径，必须克服所有这些文化障碍并准备好做出妥协。”

如今，HHS-Connect 项目已经得到了政府部门的认可，每周访问量达到 6 万次。甚至还为公众登录提供了一个名为 NYC-Access 的网站，公众可以登录该网站查看自己是否有资格参与一系列城市项目。与此同时，“工作人员连接”门户网站对数据收集起到了改善作用，它可以在接收到数据后，将数据提供给对应机构中应当负责的员工。举例来说，该系统的最大用户群体是城市儿童福利系统中的许可人员，他们可以从 HHS-Connect 项目中获得的报告来分类每年收到的 59 000 份保护调查请求。在市内的公立医院，HHS-Connect 项目则被用于帮助人们登记公共保险信息，甚至在客户本人不在的情况下也能完成登记过程。

如今，进入纽约收容所的市民不必再重复提交已经向儿童服务管理局提交过的资料。HHS-Connect 项目允许收容所的工作人员“预填”大部分的申请。更进一步，客户可以向访问 HHS-Connect 项目的工作人员索要他们自己记录的副本。客户可以问工作人员：你这里有我出生证明的副本吗？你知道我的社保号码吗？我能打印这些资料吗？吉布斯欣喜地指出，对这些客户来说，这种体验是前所未有的。

HHS-Connect 项目最明显的受益者是健康和医院公司（Health and Hospitals Corporation）。通过 HHS-Connect 项目，这家公司可以方便地查看急诊室的病人是否有资格享受医疗补助计划，而这项功能的提升带来了直接的经济收益。吉布斯指出，对于一个拥有 70 亿美元年度预算却还每年亏损 10 亿美元的机构来说，这是一个好消息。他们正在疯狂地削减成本以求能完成任务，因此他们欢迎任何有助于提高收入的方法。与此同时，在儿童服务领域，HHS-Connect 项目带来的益处则更为多样化。举例来说，某个因妈妈失误而走失的孩子在 HHS-Connect 项目的帮助下，就更有可能找到自己不在本地的父亲、阿姨或叔叔，而之前这类孩子则往往会被带往收容所。

吉布斯指出，HHS-Connect 项目的其他优势可能不容易量化，但其重要性却一点儿也不低。举例来说，吉布斯称，HHS-Connect 项目可以提升员工对客户生活状态的感知能力。浏览过信息快照的工作人员可以立即意识到有多少其他机构参与了客户的案例。HHS-Connect 项目带来的便利可以激励工作人员帮助客户简化手续，主动帮助他们搜索出生证明和社保号码，并引导他们执行后续操作，所有这些只需按下键盘按钮就能完成，而不是像以前一样让客户下楼到另一间办公室处理。

尽管取得了以上成功，吉布斯还是认为，HHS-Connect 项目只是一种非常原始的工具。她认为：“我们的系统像恐龙一样古老。”HHS-Connect 项目的局限性包括：无法在移动设备上使用，这导致出现在现场的基层人员无法利用这个系统。此外，吉布斯还指出，市政系统中依然存在隔离客户数据的壁垒。同样，为赢得律师支持而施加的保护，限制了该工具在政策制定方面的作用。它的“突触”在调用后就会消失，因此无法利用任何数据分析方法分析数据规则和异常值。

HHS-Connect 项目无法帮助不同机构的工作人员就案例计划、记录分享或时间安排进行协作，它的功能还没有到位。

吉布斯说，从某种意义上说，我们为 HHS-Connect 项目设定的目标是达到及格线而非解决所有问题。她认为，这个系统代表了某种跨时代的进步。但是，HHS-Connect 项目就像是带天线的大哥大，终有一日它会发展成为现在的智能手机。

下一个关于公共服务的话题必然是如何通过审查和修订数据分享标准来说服教育部门分享其数据。吉布斯说："让我感到困扰的是，我们的法律实际上是在妨碍公职人员为广大家庭提供帮助，因为这些法律不允许基层公职人员访问需要的信息。"然而，要想解决这个问题，可能无法从以往的法律解释或变通解释角度着手，因为法律本身可能就是造成这个问题的原因之一。

吉布斯目前正在通过彭博协会实现的一个愿景是，让工作人员可以随时随地访问所需要的信息，并由此对客户的情况有更全面的了解和掌握。她渴望看到现场工作者能够实现实时协作，希望看到系统能允许客户自由访问，打印自己的记录和查看预约。吉布斯对未来的设想，正在印第安纳州成为现实，我们将在结语详述这个新的系统。它配备了新的工具，不受"突触"限制并能够通过数据共享和分析找出相应的模式和案例。然而，在面对律师或机构保护主义时，再先进的技术也无法降低"战役"的激烈程度了。

有效扫除员工赋权障碍

严格的职务权限就像老派律师一样顽固。因此，毫不奇怪的是，改善生活的突破往往来自那些不受狭义类型或过度监督的约束、有足够的自由而按需求行事的市政员工。事实上，正如我们在第 5 章中所描述的那样，数字化治理的优点之一在于，它为市政工作人员开辟了一系列通往自由裁量权和个性化服务的道路。例如，我们在第 6 章中详述的弗劳尔斯在工作时就拥有极高的自由裁量权。就连弗劳尔斯自己也说，在建立手下这支“别动队”期间，他的正式职务几乎没有起到半点作用。

然而，公职人员职权的“拓宽”存在诸多困难，这限制了他们从任务执行者向问题处理者的转换。举例来说，纽约市政府的 30 多万名公职人员中有 23 万人要受纽约州公务员法的约束。这项 120 年前制定的法规是公务员制度的基础，而该制度又精确详细地规定了这些人员可以承担的工作内容。纽约市有超过 1 000 个公职人员职位分类，其中不乏“临时全职永久间歇性警察”这样狭隘到可笑的名称。这样一个过时的系统在让员工疲于奔命的同时，还拉高了市政运营的成本。

当然，城市政府必须要有公务员制度和对绩效的承诺。事实上，国会议员西奥多·罗斯福（Theodore Roosevelt）的职业生涯就始于 1883 年创立的纽约州公务员制度。公众很快就认识到这位年轻的立法者是在攻击过往被权贵掌控的制度。但是，随着时间的推移，不断细化且愈发繁复的各种限制性规则已经将支撑该体系的原则腐蚀殆尽。

现在这些限制性规则已经发展到了“深不见底”的程度。例如，根据规则要求，市政府在为 18.5 万个竞争岗位选人时可以依赖的依据仅限考试结果，对于专业能力、性格成熟与否和工作经验一概不计，这意味着，城市机构在为相关职位挑选应聘者时基本没有什么回旋的余地。

纽约市长布隆伯格任命的劳动力改革工作小组（10 名成员）主席玛莎·赫斯特（Martha K. Hirst）曾对《纽约时报》记者提出，公共服务体系中的一些环节已经不再适用了。这个体系实在太老旧了。工作小组建议对该体系进行重大改革。赫斯特说：“我们的任务是找到推动发展并提升效率的方法。”

改革工作小组确实拿出了一定的成绩。在改革工作小组 2011 年的报告上交后，市政府采纳了其中没有超出管辖权限范围的建议。市政厅整合了 40 个职位并重新定义了 1/4 的竞争性岗位，以便能根据教育水平和经验挑选合适的求职者。然而，州政府以及市政工会的不满与不安情绪阻碍了其余所有改革建议的实施。

英雄不会赢得每场战斗。然而，正如我们在其他章节中所描述的，有足够的成功案例能激励有志向的公职人员继续为争取数字化治理以及相应的员工争取职权而奋斗。我们认为改革支持者需要以更有效的方式让部分市政工会领导者了解到员工赋权的优势。在纽约市，工会领导层没有充分参与 2011 年改革报告的开发，因此对报告背后的意图持怀疑态度。那个陈腐、老旧、急需变革的制度本身正在成为抵制变革的障碍，并使改革之路布满荆棘。

赋予员工自由裁量权，激发创造力

良好的管理实践、员工领导、技术力量与更多员工自由权利的结合能够带来令人惊叹的成果。举例来说，在波士顿，移动应用程序“市政工作人员”（详述请见第 1 章）给予了员工自主权，让他们可以自行选择在什么时间和以什么方法来解决市长 24 小时服务热线收到的问题。波士顿市临时首席信息官贾斯廷·霍姆斯指出，这些方法激发了公职人员的创造力。

根据波士顿的回收计划，市民可以向政府申请获得大型标贴以便将任何垃圾桶标记为回收用容器。某位居住在波士顿南部偏远郊区的居民通过市长热线申请获得了一张标贴，霍姆斯回复说：“18 分钟后就会有一位公共工程员工出现在你家门口，并将标贴放在你家门前。”

这位居民惊讶地来到门口并问对方：“你在这里干什么？”员工回答：“您打电话说希望获得标贴，我就是来送标贴的。”居民回复：“谢谢。但你究竟是怎么到这里的？如果从市政厅出发，即便闯过所有红灯也不可能在这么短的时间到我这里。”员工向对方展示了自己的 iPhone 和上面的市政工作人员应用程序：“您打来电话时，我恰好就在附近，而且我车上就有标贴，于是就顺道给您送过来了。”

这种故事本来是不太可能发生的，首先是原有公务员制度对工作范围有着严格的限定，其次是能解开公职人员权限枷锁的技术尚未得到广泛部署。正如吉布斯所说，技术进步有助于我们在给予适当自由裁量权的同时释放公职人员的创造力。公职人员服务绩效标准为最初提出的指导原则设置了相应的参数，可以给予公职人员适当的自由裁量权。

打破两大采购难题，推动更有创意的解决方案

我们不希望给任何人留下这样的印象：工作说明和雇用规则是公职人员利用数字技术的唯一障碍。正如本书第 1 章节所述，采购过程也是数字化治理的巨大障碍。任何涉及科技工作的市政厅员工面对“采购”二字时，都会无奈地摇头，甚至因紧张而颤抖。

世界各国政府每年花费数十亿美元购买软件、硬件和数据咨询服务，但现有规则使得相关过程极为僵化且难以变动。目前的采购规则完全不符合城市以最佳方式开发和部署技术的需求。原因是：第一，目前的流程要求政府提前对想要购买的产品进行非常具体的规定。在市政公职人员自己都可能不知道最佳方案是什么的情况下，采购负责人就必须提前选好采购的途径。第二，目前的采购政策明显偏好昂贵的大型合同，在这种情况下，政府更加难以购买融合了多个提供商和开源技术的创新解决方案。换句话说，这些政策在鼓励政府每次都以昂贵的价格向同一家企业购买专用的软件和硬件。

例如，马萨诸塞州法律第 30 章（B）款规定了波士顿市必须遵循的采购程序是，如需采购价值超过 2.5 万美元的任何产品或服务，市政府必须遵循规定明确的“招标”或“投标申请书”程序。这些规则还存在奇怪的例外：在招揽马萨诸塞州本地学校摄影师的时候，政府

可以不用发起竞争性招标。总的来说，除非城市已经了解待实施解决方案的所有细节，否则如此详细的要求是不可能达成的。在这种情况下，按这样的法律流程定义行事，就代表市政府别想进行任何开放式的实验，而不遵守这些规则进行招标又很容易导致抗议或诉讼。

2013 年，联邦政府 healthcare.gov 网站的失败就是政府采购程序严重阻碍数字化创新的典型实例。这个网站首次部署就发生大量严重的错误，导致 200 万名访问者中只有 50 万人完成了保险申请。最为可笑的是：采购流程的负责人关注的不是项目解决方案，而是采购是否符合名目繁多的复杂规定。在这个项目中，那些经过政策培训，能专注于用技术解决实际问题的公职人员完全没有说话的资格，而扭转项目局面的机会也就这样丧失了。

问题在于，严格履行繁杂规则的合同方法没有考虑到技术变化的速度。例如，当纽约市首次试图建立数据分析中心时（相关详情见第 6 章），它的标准采购程序预计需要两年时间才能完成，而当时布隆伯格市长的任期就剩两年了。弗劳尔斯通过自己创造发明的“别动队”，绕过了部分会阻碍全市数据分析变革的程序，若非如此，改革进程必然会遭遇一定的困难。需要数年时间的采购流程不够灵活，一旦有新的情况就会发生问题。例如，今天云服务商出售的模块化服务可以代替原先需要在市政府内部运作的许多职能，而现有的采购流程尚无法充分利用这些服务实现转变。

所有这些规则和规范意味着具体的流程将极为耗时。这个问题也同样困扰着供应商或政府合作伙伴：承担典型市政合同所需的时间让许多公司无法承受。在这种情况下，潜在产品价格更低、竞争力更好的较小型供应商完全没有入场的希望。因此，已经有政府合同在手的大型公司往往最终会成为采购竞赛的获胜者。

数字化治理倡导者该怎样清除这一改革的巨大障碍呢？与其关注监管过程，或许更好的办法是通过数字技术提升采购过程中选择、结果或影响的透明度。将大型项目分解成小的单元并公开定价，将极大地方便城市之间的支出对比。这个办法的另外一个好处在于，利用激励措施促进将完成的投标申请，以及将通过此类系统购买的技术与其他对类似创新感兴趣的官员分享，这种举措将有助于推动更多城市尝试更有创意的解决方案。

费城新城市机制办公室正在大力解决类似的采购问题。该办公室希望市政府能够与更多小型投标人合作，让更多投标人参与竞标，创建收录费城企业家和科技公司人才的投标数据库。

因此，2013 年 10 月，该办公室的共同创始人斯托里·贝洛斯（Story Bellows）宣布了一项名为“FastFWD”的计划。该计划的目标是鼓励人们创造解决方案，并最终将城市合同授予在计划有效期内完成方案落地开发的项目。费城已经选定了 10 位对解决公共安全需求有创新想法的企业家进入下一轮加速计划。此外，费城还在托管站点 GitHub 设立账户，并通过 GitHub 网站采购开源软件。

贝洛斯指出，该网站的试点招标已经产生了高质量的方案，在传统采购流程下，这些方案基本不可能出现。透明度的问题也同样得到了政府的关注，为此它们推出了一个简单的网站向外公布新的技术采购机会。

与阻碍招聘和晋升的现有公务员制度一样，当前采购制度的产生自有其合理性。与公务员制度一样，我们认为新工具所引发的变革可以使采购制度创建者的最初目标得到更充分的实现。我们可以同时拥有更多创造力、灵活性和基于绩效的合同，以及更完善的问责制和透明度。现行规则的要点是在使公共资金实现价值最大化的同时，消除浪费、欺诈和滥用，并尽量减少参与采购官员年取私利的风险。但是随着时间的推移，这些崇高的原则已经被膨胀的流程替代。这些流程通常以马萨诸塞州法案第 30 章（B）款等详细法规的形式出现，有时这些规则完全是多余的，与公众利益完全无关。

随着数字技术的进步，今天我们有更好的技术来实现采购规则的总体目标，即严格的监督体系和透明度。软件代码可以代替过往法定规范的部分作用。联网和向全体市民公开的图形可视化数据能让我们用新的方式查看特定城市的采购情况。通过大数据分析，我们可以实时发现合同或合同履行情况的异常，这与依据当前预先设定的合同程序来防范一切浪费和渎职行为的规则相比更有效。我们的愿景是，在任何一次采购之后，我们都可以调用任何时间段的任何其他类似采购的数据进行结果对比。政府可以在提出问题后与参与的公司合作找出可推广至其他城市的联合解决方案，并在方案完成后按照业绩增值拨付相应的款项。

为僵化的采购流程注入活力的另一种方式是，改变城市对供应商的激励机制。与其向现有的大型企业倾斜，我们不如利用采购规则鼓励小供应商提供更多更有效的个性化特色服务。例如，斯德哥尔摩市政府选择供应商和技术的一个原则就是，当前采购必须能促进当地的创新。借用副市长乌拉·汉密尔顿（Ulla Hamilton）的说法，每个城市部门在制订招标方案时都需要考虑怎样才能刺激斯德哥尔摩本地的创造力。部门负责人应该知道，采购的创新程度将成为自身预算报告的决定因素之一。斯德哥尔摩的内部预算系统根据每个部门每个月的创新指标达成情况标注绿色、黄色或红色圆点。汉密尔顿说，对于出现红点的部门，副市长会每周致电询问该部门的具体工作情况。

同样地，通过创建当地版本的 Challenge.gov 网站，市政府可以在网站上发布技术问题，并邀请人们在线提交解决方案。这种类似于 eBay 的网站，可降低外部各方和市政官员之间合作的障碍，使他们能够轻松地合作开展项目。

美国现行的国家采购法会阻碍或禁止大多数上述新办法。因此，在违法的边缘进行创新，以及总要想办法说服律师不是长远之计。我们必须通过法律改革来彻底重新修订相关国家法律、法规。和员工授权一样，在采购方面我们也可以做到自由裁量权和责任心的双赢。采购制度需要更多关注解决方案而非价格，更偏向有良好记录、可信赖的合作伙伴，而非评分系统中的分数，因为这些系统往往评价的是表格而非具体服务或产品。负责且公开透明的新体系应该追求的是，最大的价值而非最优的价格。

这些并非乌托邦式的幻想。今天，公共服务组织美国代码公司正在进行市政采购改革，最初的试点城市包括俄勒冈州波特兰、密苏里州堪萨斯城和费城。所有这些城市都能够在企业解决方案中利用小型、高价值的技术提供商，现在已经能够看到这种方法背后巨大的潜在回报。俄勒冈州前首席信息官兼采购总监杜根·佩蒂（Dugan Petty）向《政府管理》(*Governing*)透露称:“由于传统的政府 RFP 流程时间太长，规则复杂且权责规定过于严格，往往会吓退一些数字技术行业最具创新性的公司。”[4]

作为最低标准，每个城市都应该通过提高透明度来减少当前流程的交易负担，从而保持公众的信任并促进相关问责。由此就可以吸引更多投标人参加投标并降低公共成本。更重要的是，这样还可以推动现有的投标人（不分大小）进行创新，并提出更好的方案和解决问题的流程。我们采访的几乎每个政府供应商都有更好的方式来完成政府提出的任务，但结果是，要么没被接受，要么没有动力向政府推荐。

实现公共价值原本就是政府采购法律诞生的理由。更加开放的成果驱动型采购程序将推动大型承包商纳入更多本地人才。曾在霍华德·迪恩 2004 年总统竞选团队中担任主程序设计师的克莱·约翰逊（Clay Johnson）给出了他所向往的愿景:“固定采购应当以支持当地经济发展为原则: 21 世纪的采购流程可以创造就业机会。实施这些变化的第一个城市，目前正在大踏步走向全面的繁荣。本地设计师、开发人员和其他社区内的创新者都有机会参与合作。”[5]

尽管有囤积信息的官僚机构、宣扬厄运的律师、百年不变的法律规则以及各种怀疑论者，我们的英雄依然没有停下前进的脚步。改革者的事迹为我们指明了前进的道路，即同时惠及官民双方的响应式数字化治理必将迎来全面普及的曙光。

THE **品觉导读**
RESPONSIVE CITY

如何让人人都具有数据驱动文化

如何建立成功的数据驱动文化？这是一个含金量很高的问题。

企业在实施数据化运营的过程中，最困难的是心态上的改变。这种改变并非你愿意花钱，聘用几个顶级数据科学家就可以成功的。更重要的是找到一位能看清数据“大局”、懂得找出切入点、利用数据改善企业表现的人才，这无疑包括了对商业的理解和清除人为障碍的工作。

认真对待人为障碍

我在阿里巴巴集团工作时，就组织了一队数据化营销队伍，职责是让全体员工知道数据化管理带来的好处，曾经也因此被老板怀疑是否在浪费资源。不过，后来这支队伍却成为对外能招募人才，对内又可把数据能力泛化的奇兵。别以为数据驱动是一件容易被认同的事，所谓“人事无小事”，人心才是关键。

不懂商业何以谈数据，但数据能否随时容易获取和使用却决定了局面。跟大家讲个八卦，还记得 2012 年当阿里巴巴集团的数据分析平台初见成效时，阿里巴巴集团创始人马云每天来看数据分析平台，同事们会把这件事当作大新闻汇报给我。到了 2014 年，无论在早晨、中午，还是深夜，马云都会通过手机终端时刻“关注”业务，高管们也成了没有数据就不好意思聊天的人群。更有意思的是，时至 2015 年，我当时的老板、阿里巴巴集团 CEO 张勇决定，以后月度管理层会议不再看数据分析报告，因为每位管理层在平时都看过了，早已心中有“数”。

关于数据能力泛化，我一个自己的观点，最好的数据工具都应该嵌入工作流程。例如，负责营运的员工如果喜欢用 Excel，为什么非得要改变他们的习惯呢？可是，有好的用户体验还不够，业务人员还必须学会数据分析的基本原理，如此才可以主动发表改进意见。我相信业务人员的参与才是做好数据驱动的本源。不要盲目地相信科技，包括人工智能和大数据。

激励措施不可或缺

在数据化的初期，激励措施是很有必要的，但如何衡量和评估数据化所取得的进展也很重要。发现成功的典范并进行奖励，更有利于加强大家对新方向的信心。必须谨记，数据驱动不只属于数据科学家和分析师，而是属于公司里的每个人。每位 CEO 都开始关注数据技术，往往就是数据驱动文化的转折点。

走向数据驱动的智能城市

前文所述的人物和事例已经表明，数字化变革给美国各地的市政府带来了百年来最好的变革机遇。

有志于引领数字化变革的城市领导者可以在三个方面充分发挥数据的力量。第一，他们可以授权政府公职人员依据自己的判断和常识为市民提供更好的服务，而非简单重复的、限定范围的工作。第二，这些领导者可以在关键的服务交付领域与市民进行沟通，并借此提升后者在公共事业领域的参与意识和活力。第三，通过数字化解决方案使市民能够与当地政府携手共同解决全美面临的重大挑战。针对各种长期难以解决的问题，利用海量新数据进行预测性分析可以找到提升经济效率的解决方案。值得庆幸的是，我们发现全美各地的市政领导者都渴望抓住这些机遇。联邦、州和地方政府的各级单位都在用流畅的、高度响应型的数字化系统取代僵化的官僚等级制度。

各城市的市长正在引领这场重大的数字化变革。迈克尔·布隆伯格从纽约市政府最高管理层开始，推动市政机构合作创建以数据指标为导向的城市；拉姆·伊曼纽尔市长以数字技术为决策核心，在芝加哥打造了最佳的实践方案；汤姆·梅尼诺市长则努力让更多的波士顿市民享受到了技术服务带来的便利。重要的是，尽管与前任相比，在政策方面存在显著差异，但波士顿市和纽约市的继任市长不仅延续了前任开启的数字化变革，还在其基础上实现了进一步的发展。波士顿市长马蒂·沃尔什（Marty Walsh）计划在该市大力推进数据面板和预测分析的应用。纽约市市长比尔·德布拉西奥（Bill de Blasio）则已在市政厅内部设立了战略技术政策领导单位。德布拉西奥还计划拓展政府机构在从警务到减少交通死亡事故等多个领域的数据使用。

我们将继续关注相关事态的发展，并将相关数据按年份录入我们的数据智能城市解决方案网站。我们期待发现更多数据推动变革的实例。在这个领域有着众多的引领者，其中包括市政厅以外的人士。举例来说，芝加哥智能合作社的丹尼尔·奥尼尔正在开展的社区用户测试小组项目，就旨在评估和测试市政厅发起的技术举措是否真正能造福于民；城市研究所的凯瑟琳·佩蒂特正在帮助社区的非营利性组织利用数据提升社区管理能力；波士顿新城市机制办公室的克里斯·奥斯古德和奈杰尔·雅各布则正在努力为311呼叫中心开发首个移动应用程序。

这些公用事业的创新者都有两个共同点：对目标的承诺和行动的自由权限。他们没有被市政事业的各种困难吓倒。比尔·奥茨为了实现波士顿市的数字化治理，无所畏惧。芝加哥的布雷特·戈德斯坦宁可被解雇也不愿失去按正确意愿行事的自由，他甚至为此感到自豪。在纽约市，迈克·弗劳尔斯工作期间从未感到过无聊。同样在纽约市的琳达·吉布斯对自己的使命充满热情，在面对官僚主义的桎梏时，总能代表无家可归者进行不懈的抗争。

这些来自私营单位、政府部门和非营利性组织的领导者认为，数字技术必然会催生伟大的变革。他们也相信自己有能力推动这样的变革。作为领导者，他们取得的成功之一就在于，能让别人清楚地认识到技术对于现代生活的作用：他们知道市政厅外的世界正在迅速发生着变化。我们的英雄都需要面对并克服的尴尬事实是，在时刻连接着互联网、五光十色的个性化通信工具无处不在的现代世界，我们的政府居然还一本正经地发布早已过时的纸质文书。

这些领导者总能唤起人们畅想未来的愿景，这个独特的技能有助于他们完成自己的使命。他们每个人都不被职称规定的职责所局限，成功地找到了属于自己的角色。基于对数字技术和数据流的了解，他们知道职业不应成为束缚，任何人都可以按自己的方式做出贡献。

今天，自信的市民科技引领者知道变革才刚刚开始，即便他们已经取得的最高成就只是通向未来的跳板。吉布斯世界记录官方称自己的系统如恐龙一般原始。弗劳尔斯对火灾预测算法获得的成就感到很震惊："这个算法当然会有效，毕竟之前完全没有用过算法。"这场数字化变革的领导者遍布政府和城市各处，影响着各自所在政府机构和社区组织的运作。他们之间心有灵犀，但其中很多人亦不得不面对孤独的境地。管理某机构地下机房的某个人虽然了解组织的数据库，并知道给予适当的环境，这些数据就能发挥巨大的作用，但他没有权力在整个组织内部形成必要的协作关系。某位政府公职人员知道如何拯救某个漏洞百出的服务流程，但这个流程并不属于他的职责范围。因为无法直接联系相关机构，邻里监督组织的社区领导者甚至无法获得修理一盏路灯所需要的资源。某位年轻的程序员出于市民的责任感在闲暇时编写了一款他自认为能改善当地医疗服务的软件，他却无法达到所在城市有关政府采购流程的法律要求。某位地方政府官员感到现有的城市资源分配不够公正或不够高效，但无法获得必要的数据来证实自己的想法。

我们撰写《数据驱动的智能城市》一书的目的是，提出数字化治理的愿景，并加速实现它。我们希望其他人能和我们一样从书中人物的事迹中得到启发，因为他们克服了种种困难来实现城市运作方式的变革。让我们欣喜的是，领导者和数字技术专业人士仍然在继续追求新的成功。一位创新者的成功故事将使其他创新者得到鼓舞，因为他并不孤单，而所有创新者的成果将形成合力共同推动变革的进程。

盘根错节的权力体系、失效且荒谬的规则，以及僵化过时的工作方式，这些过往的桎梏依然威胁着公共事业的未来。然而，在全美各地，各行各业的创新英雄们正以其勇气、耐心和积极的志向，日复一日地实践着他们以响应型技术推动美好未来的想法。我们希望能坚持下去并鼓励相互之间的合作。

正如弗劳尔斯所说，数据的牢笼已被打破。不再符合现代发展规律的现有城市治理体系已经不值得任何人保护。那些盖章、归档和复印的纸张都只是表象，而其背后的真相是权力控制和规章教条。但是，必须通过纸张才能体现信息的时代已经一去不复返了。这种变化会有点可怕以及让人不安，毕竟一座城市每天产生的可用数据量实在太大，在这种情况下，即使是一些最优秀的公职人员和民间团体也会害怕做出改变。毕竟过去的情况是一成不变的，做出改变就有可能破坏现有的稳定状态。然而，正如本书介绍的先行者一样，总有人愿意为了更美好的未来做出牺牲。

总体来看，我们可以将《数据驱动的智能城市》这本书的内容看作概述政府巨变的蓝图。过去，即使基层的数字技术变革推动者也会低估数字技术对市民生活的作用。在这种情况下，制度性的变革必然会呈现渐进式的发展。今天，弗劳尔斯和戈德斯坦这样的创新者正在使用数据解决城市机构提出的问题。对于其他政府公职人员而言，这些以数据为导向的解决方案兼具说服力和新鲜感，他们突然发现数字形式的信息分享是如此有效。在波士顿市，受梅尼诺市长的理想感召，团队成员在使用数字技术推动全面的市民参与。在芝加哥市，强有力的领导者伊曼纽尔市长正在通过制度性的支持，以系统化的方式来实现响应型城市的政府治理，并解锁城市的数据资源以便重新部署，进而使所有市民受益。在所有这些城市中，都有政府以外的小团体在通过技术实现某种形式的协作，并利用这种协作来解决具体的问题。

我们认为，上述工作之间的结合具有巨大的潜能。这些事迹表明，可以利用高效、高质量的响应型治理模式实现市民参与并加深数据共享。我们现在可以使用面向未来的工具回归基本的市民参与原则和方法，还可以更新社区和市民制度的运作方式。领导力、小团队的力量、利用数字技术实现市长愿景的能力、可提前解决重大问题并集中政府机构资源的跨机构分析能力，这些元素和工具实现良性循环后的巨大潜力预示着，我们比以往任何时候都更加接近响应型政府的理想。

在将授权、参与和支持所带来的威胁相结合的同时，我们希望再介绍两个与之相关的案例。首先，我们要介绍印第安纳州施行的一项旨在降低婴儿死亡率，并启动全州数据分析中心的广泛实验。其次，是纽约市对 311 呼叫中心的强化。这两个案例的共同点是对数据使用的进一步深化，因为它们表明了，我们最终能够以完全流畅和自由的方式存储与访问多来源的数据，其中也包括涉及具体市民的高度个人化、隐私化的数据。如不加以管制，这些数据的存储可能会对我们试图加强的共享和参与的结构形成威胁。我们需要认真思考如何在充分赋予市政机构最大数据使用权限的同时，防止它们利用数据控制市民的生活。

领导力再次成为解决问题的关键。因为真正的领导者能够以相对原始的数据共享和协作方式克服所有障碍；此外，还需要领导者对未来系统全面进化之后可能导致的意外后果保持警觉和谨慎。

印第安纳州，如何降低婴儿死亡率

在引言中，我们简要介绍了保罗·巴尔泽尔在 2013 年 1 月成为印第安纳州首席信息官时需要解决的儿童死亡率问题。巴尔泽尔是个直性子的技术员，但他也是深爱自己三个孩子的父亲，因此非常关注这个问题：印第安纳州的婴儿死亡率要高于美国几乎所有其他州。巴尔泽尔用舒缓的中西部口音介绍了数字技术对挽救生命的作用。今天，如引言所述，凭借吉姆·佩恩（Jim Payne）法官的工作成果，印第安纳州办案员可以通过平板电脑查阅特定母子的信息。但巴尔泽尔希望更进一步：在平板电脑中加入预测分析功能，以帮助办案员当即做出正确的决策。

众所周知，医疗保健资源问题、营养不良和影响睡眠的环境是导致婴儿与儿童死亡的原因，但从家庭和健康机构、金融机构、商业机构以及就业机构中收集的数据中，政府可能会发现危害儿童健康的其他因素。是否可以让基层工作人员根据对这些因素的实时分析，预测未来发生危害的可能性？巴尔泽尔指出，基于政府数据建立的更广泛的网络，有可能会让我们发现之前忽视了的联系。

巴尔泽尔的计划也可以帮助他的员工实现社区联动，这也是本书的主题之一。他正在授权自己的数字技术人员处理相关事宜。与简单的提供服务相比，他们很高兴能通过工作帮助孩子们。巴尔泽尔告诉他们，数字技术人员也可以用手中的电脑帮助人们。因而，参与这个项目的人员感到自己正在改变世界。

寻找家庭功能障碍的预测因素似乎是政府首席信息官的工作内容，但事实上，巴尔泽尔指出，他才是实现这个分析项目的合适人选。他说：“我们与机构进行数据共享要容易得多，因为我们已经与其他机构建立了关系。”

如果巴尔泽尔的设想能成功实现，未来印第安纳州儿童服务办案员将拥有关于父母和子女个人的数据，与之相关的其他社会服务人员的数据，以及所有适当的历史数据和分析数据。这样在平板电脑上就可以通过对这些数据的综合分析来预估各种家庭风险因素了。巴尔泽尔介绍说，工作人员看到的数据可能是：爸爸假释，妈妈有药物滥用问题，他们可能获得了这个机构的帮助，但也许没有享受到其他福利。还有另外三起已报道的事件可能预示着更多的问题。基于所有高风险家庭的实时数据，数据分析实现了针对具体家庭的具体分析，这样就能得出较为清晰的风险预估。举例来说，报告的内容可能是：这个孩子有 80% 的可能性会发生危险，必须马上让他离开现在的家庭。当然，在大多数情况下，分析结果都会比较模糊，但这也正是需要数据分析的原因。例如，通过算法可能得出较低但不可忽视的风险，即可能发生不好的情况，例如 10% 的概率，但在这种情况下，只需联系假释官就可以消除风险。

在使用分析工具的同时，工作人员也会为系统增补更多数据，并帮助改进系统的功能。巴尔泽尔说："我们先要建立较小的数据集，然后逐渐在其中添加我们确定真正有用的数据，通过分步骤地实现目标，这样我们便能最大限度地保证数据的质量和安全性，最终通过不断积累小的成功分析来达到最终目标，也就是降低印第安纳州的婴儿和儿童死亡率。"巴尔泽尔的工作进展体现了使用数字化工具扩大项目成果的过程。第一，这个目标具有长远性，汇集了所有可用的政府数据，并做了分析，进而找到更好的目标进行干预。第二，降低婴儿死亡率的实际案例非常具有说服力，有助于打破机构共享的壁垒。第三，这项工作是由专业人士合作完成的，如果按照传统政府限定工作内容的规章，绝不可能允许他们参与这个项目。在该案例中，巴尔泽尔聘请了来自印第安纳大学的研究人员，原因是印第安纳大学负责管理该州的备份灾难恢复数据中心；另外，还聘请了来自普渡大学和波尔州立大学的学者和数据科学家。第四，从影响范围来看，该项目对政府的影响将远远超出对印第安纳州市民的直接影响。

> 根据麦肯锡咨询公司 2011 年的一份报告显示，仅在美国，2018 年的数据分析专业人员缺口就有 14 万～19 万人，此外美国还需要 150 万名了解数据分析技术并能用其指导决策的管理人员。[1]由于巴尔泽尔的项目为普渡大学中有抱负的数据科学家提供了实践机会，印第安纳州将能够获得更多训练有素的毕业生。随着更多数据科学家的加入，越来越多的私营企业将能够获得销售数据服务。这意味着印第安纳州的经济水平会得到快速的增长。

巴尔泽尔确实拥有明显的优势，因为他的部门已经拥有了州政府的所有数据。他说："我们的模式集中性更高，类似于有些企业，具备商业化的特质。"另外，该州还有一个关键优势：最高领导层的支持。巴尔泽尔说："州长迈克·彭斯（Mike Pence）支持我们的工作，他曾发表了一篇关于《点球成金》的精彩演讲，他看好数据分析的未来。"[2]与此同时，巴尔泽尔的项目也说明了数字化治理还面临着一些不得不加以重视的重大挑战。为了保证办案人员在办案程序中谨慎和专业地使用数据，他和团队还有一大堆问题需要解决。比如，公众是否相信自己的数据得到了恰当的使用？机构是否愿意分享它们的数据，是否会感受到威胁并阻碍数据流通？个别的政府公职人员是否会滥用数据共享和数据联通权限？基于移动设备的实时沟通方式是否会让公职人员觉得失去了自主权？

巴尔泽尔的项目对婴儿死亡率的关注有助于平息反对的声音，毕竟没有人不想拯救孩子。尽管如此，他还是遭遇了前几章提及的那些抵触情绪。例如，在邀请某位供应商讨论一项数据共享的应用事宜时，巴尔泽尔曾听到有人说“我们不是太想分享这些数据”。这些人往往是职位处于政府高层与基层人员之间的终身公职人员，他们多年来形成的工作模式已经固化。而且，并非所有的犹豫都源于文化问题，也有人认为，分享数据会违反联邦法规。巴尔泽尔没有具体指出是哪些法律或规定，因为具体细节会随着机构的变化而变化。但可以确定的是，反对意见总是在不断涌现。

巴尔泽尔完全能够理解某些机构对重大隐私问题的担忧。与吉布斯一样，巴尔泽尔也认为政府律师往往会过度解读法律标准，同时联邦法规也没有对特定领域的数据共享设置明确的规定。巴尔泽尔也谨慎地尚未将教育数据引入他的项目。

也有机构担心数据的安全性。巴尔泽尔指出，集中式数据中心管理的是操作系统和数据库，但用于提取数据的具体应用程序通常受其他机构的控制，而某个独立的应用程序又往往只有一个机构在使用。尽管巴尔泽尔的部门已经托管了拥有的所有数据，但还是有机构担心婴儿死亡率项目的数据会被泄露。

通过采用安全措施，巴尔泽尔解决了这个问题。他的团队会在印第安纳州数据中心将本项目的大数据部分隔离。分析操作行为，也就是汇集不同机构的特定数据并通过运行算法查找规律，完全在存储机构数据的环境以外进行。事实上，进行分析的区域根本没有连接互联网。数据中心拥有能实现完全隔离的防火墙，并且已经为税务相关数据设置了隔离区。巴尔泽尔说，现在只需为来自其他人的大数据再设立一个隔离区即可。

依赖数据的数学算法，即用来寻找相关性或模式的数据问题，将由技术办公室处理。该部门的员工需要使用各种算法组合，并要变更管理系统的管辖权限，这个经过精心设计的模式可以保证责任的平衡——如果有人想要使用数据，需要获得多名管理员和两名技术审批人的批准。最后，工作人员需要进入一间带安全门的控制室，并借助新的软件工具来运行算法，这些软件工具使用的数据都存放在随机存取的存储器中，通过这种方法可以实时处理数据，这样一来，最终的数据驱动决策的时间要远超普通分析工具所需的时间。为限制滥用，工作人员无法下载数据，同时系统还具备取证能力：提供访问数据的人员的信息和理由，出现问题时方便追责。参与开发这些算法的数据科学家和学生也只能按需获取数据。

机构送入系统的数据将附有标识，作用是表明这些数据只能用于有严格规定的领域。对数据的任何扩展使用都必须符合严格定义的程序。任何数据请求，例如托管数据的审批都必须符合明确设置的授权规则。该计划的目标是让数据分析的成果覆盖整个组织，允许不同级别的不同员工提出重要的“如何这样做”的问题，同时限制每个人只能访问需要的数据。

对于政府而言，综合数据集的另一个优势是，用户机构可以通过数据分析来评估自身的绩效。技术办公室可以协助各机构选择更好的关键性绩效指标，从过于关注投入或活动的指标转为衡量成果的指标。这种新的数据使用思路还有助于各机构提升针对复合型问题快速报告的能力，比如报告处理每个问题的支出和员工服务市民的效率，以及提供可供参考的硬性指标等。巴尔泽尔将这种功能称为管理和绩效枢纽（Management and Performance Hub, 简称 MPH）。以充分整合的数据为依据的公共绩效管理系统是个全新的想法，巴尔泽尔下定决心让印第安纳州成为这一领域的领先者。在前任州长米奇·丹尼尔斯

（Mitch Daniels）的领导下，各机构在绩效指标考核方面有了长足的进步；在继任者彭斯州长上任后，数据获取方面的巨大提升已经能使巴尔泽尔给出基于结果的实时绩效指标工具了。

然而，除了上司以外，巴尔泽尔还需要与其他人合作，其中包括州政府机构内部的公职人员。这也是他急于解决法律问题的原因之一，因为他不想以行政命令强制对方合作。对于政府机构的员工，巴尔泽尔的看法是，即使机构负责人同意你的看法并且命令下属与你合作，最终和你分享具体数据的还是基层的公职人员。无论收集什么样的数据，你都需要了解该数据及其来源的原始提供方。巴尔泽尔很清楚，为了设计出能够通过多个数据库寻找规律的算法，他的数据团队需要借助全体公职人员的集体智慧。

在实现目标的道路上，巴尔泽尔的团队还要克服其他难关。在改善决策所需的数据量这个问题上，该团队的思路是避免因过于追求完美，强行使用所有可能的数据，而忽略足以使现状发生很大改观的数据量。由于办案人员需要对儿童的生命负责，数据不准确或算法错误等任何缺陷导致的任何决策失误将会造成不可挽回的后果，例如可能会错误地将孩子带离现有家庭。然而，和所有人类事业一样，缺陷的出现是不可避免的，那么在整体性改进与偶然的失误之间，又该如何抉择与权衡呢？儿童福利事业的责任巨大，即使通过数据分析改善了 9 位儿童的生活，儿童福利部门仍然必须准备好面对第 10 个案例可能出现的不良结果。

关于儿童福利的决定必须由人而非机器做出。巴尔泽尔的愿景是，获得数据的工作人员能更快地做出更好的决策。开发团队必须从一开始就定下能够可靠测算和展示改进效果的评价基准，毕竟零缺陷在这个以人为本的服务领域是不可能实现的目标。

认为自身的常识受到数字化治理模式挑战的不只有官僚主义者。传统的政府形象给公众留下一种刻板印象，数据驱动的方法将打破这种固化的形象。个性化的公共服务有助于申请福利的家庭，而正常家庭已经习惯于回答收入的问题。然而，如果数据检索结果显示，某个申请福利的人存在未完成纳税义务的问题，情况就会变得完全不同了。

商业或者政府的大数据项目已经遭到很多投诉。巴尔泽尔认为，造福群众的政府数据中心绝非违规监控，美国国家安全局和爱德华·斯诺登事件让公众误认为，任何执行数据分析职能的政府实体都在试图监视他们，但事实并非如此。他们只是收集历史数据，也就是收集孩子身上曾发生过的事情，然后通过这些数据为当前的案例寻求更好的解决办法。

如果想要规避风险，就必须权衡个性化服务和数据分析。实际上，政府多少都会掌握市民的某些敏感信息，例如在纳税时或申请需要通过经济状况检查的福利时提供的信息。很多人更喜欢有明显优势的数据计划，例如自动生成和对应具体社区情况的市政消息。大家都认识到，系统应该能确定哪些福利申请人用了非法的手段让自己更容易被选中，而拥有更多数据和培训的工作人员应该能做出更正确的决定。然而，即使数字化治理确实能改善市民生活的整体质量和政府的响应能力，数据运用的拓展还是会引发一些必须通过严格政策执行才能解决的问题。

如果想要解决上述问题，就必须保证公职人员拥有良好的沟通能力和自控力。像彭斯那样全身心投入的州长能够帮助公众了解政府对数据使用的监督机制和相应限制。他们会向公众营造政府谨慎、渐进式地处理数据的形象，并向公众说明，为了尽可能减少滥用风险，政府采取的各种强力监督措施。要实现这些，市长首先要安排团队制定周到的政策，并邀请民间公共事业和公众的代表前来协商，而这些政策的作用就是管控政府公职人员的行为。事实上，彭斯和巴尔泽尔从一开始就非常关注隐私与安全方面的问题。

《数据驱动的智能城市》这本书的另一个主题是，数字化治理是提升市民参与度和政府公信力的强力工具。但数据驱动的方法必须能维持公众的信任，否则数字化治理就可能导致持续了数十年的公信力流失问题进一步加深和扩大。

总而言之，领导力是必要条件。公共事业领导者需要定义处理和保护数据的方法，并通过详细的解释向人们证明这项事业的长远利益应高于他们目前的担忧。

纽约市，成为市民参与解决城市问题的平台

纽约市政府在数字化变革方面也拥有远大的理想。该市的信息门户网站 NYC.gov 每年点击量为 3 500 万次，每天接近 10 万次。2011 年 8 月“艾琳”（Irene）飓风过境期间，市民们通过 NYC.gov 网站了解关于风暴的可靠信息，并观看了市长的现场直播。巨大的访问量差点儿让网站崩溃。事实上，该网站本身也存在诸多不足：不仅用户界面老旧，而且后台的数据功能拓展也很有限。纽约市首位直接向市长汇报的首席信息和创新官拉霍·默森特（Rahul Merchant）（2012—2013 年间在布隆伯格政府任职）回忆道：“这个网站的内容完全不支持实时的更新。”

默森特和他的团队希望将 NYC.gov 网站转化为可扩展、高效、便利且支持社交媒体的网站。他们希望该网站能够融入纽约市的 311 系统，并由此使 311 系统中心拥有纽约市政府内部所有政府部门的数据。这些目标只是默森特的计划的第一步。NYC.gov 网站的重建花费了不到 17 个月的时间，重建后加入的内容管理系统具有可扩展

性，能够连接每个城市的机构和 311 系统。默森特为此感到自豪，他认为该网站与 healthcare.gov 网站相比，连接的机构更多，而相应的成本却更低。他说：“我们的网站并不专用于健康保险，它能适用于一切，就像城市的命脉一样。”

和本书介绍的众多人士一样，默森特也认为，现在的成就只是个开始，之后还有更多的事情要做。他希望将 311 系统打造成为全球最大的客户管理系统。

继“艾琳”之后来袭的“桑迪”（Sandy）飓风是 2012 年最致命、最具破坏性的自然灾害，也是造成美国历史上损失第二大的飓风。纽约市政府希望市民能够申请到廉价房屋贷款或参与房屋的快速维修计划。但在老旧的 311 系统上增加相应的功能需要花费数月时间，即使加入了该功能，系统也无法辨别具体申请人是否参与了其他市政计划。

但问题很快就得到了解决。默森特说，在系统升级完成后，为每个市民和城中的每座建筑物设置唯一的标识符，以方便政府的各个部门对其进行跟踪。和亚马逊或奈飞一样，纽约市也可以了解与它进行电子交互的是谁，如此即可根据每位市民的需求进行审批处理。同时，新系统还允许政府进行定向的数据交互。新的街边停车规则出台后，居民将不再需要每周打电话询问自己是否停对了地方，他可以在相关系统中注册并让系统自动通知。在这种情况下，居民才是规则制定者，而政府成了服务的执行者。

现在的 311 系统允许市民通过 NYC.gov 网站联系任何机构，这是 311 系统附带的一大人性化功能。这样的系统当然也要依赖所有城市机构的数据运作。换句话说，纽约市的居民可以通过这一系统轻易地了解到所在城市的海量数据。

任何技术突破，特别是涉及 311 系统等大型项目的技术突破，都面临着另外一个重大问题：需要用高薪留下有能力管理外部供应商的管理人员，因为这些人员需要在复杂且诱惑众多的外部环境下保护城市的利益。在这种竞争激烈的领域，公共部门的薪资水平一直远低于私营企业的同行。但是，为了充分发挥承包商的作用，市政府必须拥有高质量的项目管理人才。

为了完成 311 系统的升级，默森特决定在城市项目管理方面进行创新。他找到了一位有天赋的市政府公职人员，来担任数字技术和电信部门的项目经理，并将她转聘至一家非常精简的非营利性咨询机构纽约市科技发展公司，这个公司的客户只有一个：纽约市政府。通过这种方法，默森特可以为这位项目经理加薪 20%，这样就弥补了政府和私营企业在薪资方面的差异，更重要的是，还为这位项目经理摆脱了行政限制，她现在有权在决策和利益协调方面同时兼顾城市机构和供应商。在市长办公室和副市长凯斯·霍洛韦的支持下，这位项目经理现在有权对任何其他机构说“不”，她坚持要求对设计的网站进行广泛的测试，并仔细审查了设计时间表的变更。默森特指出，这两项做法都是有力的保障措施，联邦政府的 healthcare.gov 项目之所以在启动时漏洞百出，就是因为在发布之前没有采取这些措施。

默森特非常认可纽约市科技发展公司的创意。他认为这是首次有人将这种方法应用于所有城市都面临的项目管理问题上。一直以来，市政厅都很难以低薪聘请到管理跨部门协调系统的顶尖人才，外派顾问的方法似乎能解决这个问题。事实上，纽约市 311 系统的历程是《数据驱动的智能城市》这本书所讲述的多个主题的融合。在项目管理方面，重要的是要利用好员工的技能，并授权他们以专业人员的身份协调多个机构来共同完成工作。如果政府能更好地掌握自身服务状况，这对政府公职人员和市民之间的互动也是有益无害的。将 311 系统打造为城市数据的统一平台，有利于提供更加符合市民切身利益的服务。不久之后，市民将能够通过自己的智能手机对 311 系统的数据发表评论，很多市民早就期待能实现这样的互动。如果一切顺利，纽约的 311 系统将会成为市民参与的平台而非投诉数据库。海量公共数据的再利用、研究和可视化处理，将使市民能够与地方政府携手解决城市面临的重大问题。

总而言之，借助能为市民和建筑物设置长期唯一标识的系统、通过市民实时提供的数据增强官方信息的社交媒体感知度，以及作为城市内部平台以实现事务请求接入指标化的 311 系统，纽约市政府将彻底改变自己的形象。市政府将能够比以往更加深入地了解市民以及与市政服务的互动。最终的结果是：很多人都能够使用不同来源的大量数据，共同开发解决城市问题的方案。默森特认为，各项工作成果的融合将彻底改变城市的面貌。

个人数据的公开性使用：严谨的公共政策的必要性

这个目标的意义重大，让人激动，本书正致力于进行相关的突破。和印第安纳州一样，纽约市也必须找到能有效管理庞大数据用途的关键性公共政策。在这个方面需要解决的问题很多，例如如何监控和限制数据的访问、应该引导市民加入哪些项目、收录的居民信息应保留多长时间、对滥用应施加怎样的惩罚、如何有效地实现匿名等。

我们以响应式环境监控为例。为了能更好地监控和了解人们的行为，许多位置，甚至包括在一些日用品上都安装了各种各样的传感器。2014 年 2 月，《纽约时报》就这个现象发表了一篇文章，介绍了纽瓦克自由国际机场的 LED 灯具中嵌入的各种可以收集数据的传感器和摄像头。[3] 记者黛安娜·卡德韦尔（Diane Cardwell）说，这些数据系统通过收集数据进行分析，得出的模型可以用来发现人流堵塞、识别车牌甚至是发现可疑的活动。这些系统的生产商和销售商都很激动，他们发现日用品，如照明灯具也能孕育全新的市场。

《数据驱动的智能城市》一书的其他章节已经表明，机场的案例同样适用于城市街道。例如，街灯也可以嵌入联网的传感器，并为具有如下功能的系统收集数据：控制交通、检查环境危害、感知垃圾箱的状态、发现枪击或公共安全漏洞、找寻停车位和发出安全警报等。借助传感器相互连接形成的物联网，政府官员将能够监视和预测系统的变化。随着传感器复杂程度的提高和成本的降低，这些能力还将得到持续的提升。

然而，可供使用的数据也面临着滥用的风险。印第安纳大学应用网络安全研究中心总监弗雷德·卡特（Fred Cate）教授曾告诉卡德韦尔，数据滥用的危害非常大。从某种意义上说，大数据技术的问题就在于数据滥用问题的应用难度过低。对用户来说，与其费力考虑系统需要哪些数据，不如一次性地提取所有内容。同样地，用户往往不会关心所有数据在保存之后应该如何管理。

这个潜在的危害非常明显。随着传感器成本的不断降低，正如本书提及的所有原因一样，各地市政府越来越希望能收集与运营相关的一切数据。但在很多情况下，市政府缺乏能指导城市政府数据收集、汇总和使用规则的政策支柱。

若想成功利用数字化变革实现公共事业的新生，我们便需要确保城市政府能以正确的方式使用数据。还需强调的是，政府要想实现数据分析的众多优势，完全可以使用匿名数据或就数据使用征求居民的明确许可。毕竟，数字信息具有显而易见的价值，其中包括消除官僚主义的潜能，实际上是迫使官僚主义经历渐进式的变化过程。我们希望这种潜能可以得到发挥并最终实现面向大众的共同响应。鉴于当前的数据分析工作历史较短且发展相对不太成熟，现在就是着手处理响应型城市潜在隐私问题的最佳时机。

数据收集一旦开始就不会停止。事实上，我们认为这是一种无法阻挡且不应禁止的自然演变过程。在这种情况下，重要的是制定详尽的政策来管制与数据收集相关的访问的安全性和透明度。任何数据系统的开发都应将查验能力视为重中之重，包括回溯访问数据的人员、访问内容和理由。因此应当让政府公职人员清楚滥用数据的后果。这些保障措施对数据使用的公信力具有至关重要的作用，我们需要民众相信政府使用数据工具的目的是为他们服务而非其他。

需要特别提出的是，本文所述的开发的数字项目应被视为工具而非最终目标，因为数字化变革的最终目标始终是提升生活质量。19 世纪的渐进式改革同样有着很好的初衷，但在过程中不断提升的压力终于使其崩溃。除了以扼杀创新的方式墨守成规之外，当前政府很多为了存在而存在的环节完全没有存续的必要。响应式的数字化治理必须避免这种不公正的制度建设趋势。

我们不应为自己的利益使用数字化工具。相反，我们的共同目标应该是通过提高城市的响应能力来强化政府内部与市民的联系。然而，对于数据的价值、侵犯性或个人性，每个人都可能持有不同的看法。

这些问题无法在短期内得以解决，为此我们需要各方面在相互尊重的基础上进行对话。幸运的是,对应本书的另一个主题——数字化工具，大大降低了交流的难度。在城市政策开发的关键时刻，我们需要抓住难得的机遇探讨如何在政府工具推陈出新的同时保护最基本的人类价值。在推进这场数字化变革的同时应该保持政府公职人员和市民的人格尊严和自主权，相关各方必须就此达成高度的共识。

在更好的响应型市政体制下，数据智能型公职人员的自豪感和参与度都将得到质的提升。以第 2 章所述的儿童最佳健康组织为例，这家位于奥斯汀的非营利性数据整合组织发现，让所有人共享同质性数据能有效激发员工对艰难政策问题的本能反应，并在同时鼓励所有参与者关注问题本质，为解决问题而携手合作。一旦通过数据工具看清了问题的本质以及趋势，人们往往就会忘记那些无意义的教条与误解，而是以适当方式呈现可靠数据甚至能够激发同情心。琳达·吉布斯认为，获得有关市民生活的数据之后，政府公职人员可以更好地理解人们行为背后的故事，并设法从更人性化的角度处理相关问题。

随着数字化变革的不断深入，我们必须强调可视化数据在平息争议和促进合作中的人文力量。如以僵化且离散的方式使用数据，并且在决策规则方面不能做到全面理解，那么新工具的应用将会进一步降低政府在民众间的公信力。在这种情况下，本书所述的先驱所做的一切也将徒劳无功。假如 20 世纪早期为一扫地方政府腐败而推进渐进式改革的领导者还健在，我们会向他们道出心意：请他们定期评估当前规则是否真正服务于关键的公共价值。我们需要根据需求扭转或调整路线，注重解决问题而不是墨守规则。我们相信，21 世纪努力推动数据驱动式智能城市的领导者应该具备这样的自我意识。

我们相信这些领导者有能力为市民带来更美好的生活，而下文建议的最终目标只是希望他们能以更快的速度实现这一美好愿景。

第一，应该推动政府多角度地看待问题。今天很多机构仍然将数据视为己有，这其中有部分体制原因：陈旧的教条，和比尔·奥茨第一次进入波士顿市政厅看到的打字机一样，不允许合作的精神跨越机构之间的鸿沟，导致不同部门的政府雇员重复同一项冗余的工作。而打破这种桎梏的努力又会被法规的过度解读所限制。现今政府花费巨大精力的自我保护主义不再需要保留。我们需要合作并以专业的态度共同找出解决问题的办法。当然，要想实现这样的愿景，完善的领导力也是不可或缺的一环。

第二，数字化变革的倡导者应尽可能地加大普通市民的参与度。美国的数据精英在不断增多，但其中很少有人想到用他们来改善公共事业。民众之中不乏有能力并愿意使用技术来改善所在社区生活的人，政府需要做的就是找到他们。作为最低要求，城市需要确保市民以合理的代价获得无限制的互联网接入。如今的城市就像数据平台，其联通性的高低对于经济发展和市民生活具有至关重要的影响。当然，关于数字技术部署的决策必须充分考虑市民的看法。新型传感器，如路灯内置设备或分析推文的软件，有助于政策效率的改善，但前提是其部署必须经过受监控者的同意。面向市民的合作呼吁也适用于企业，修正现有采购流程可以让当地小企业就当前面临的问题提供具有经济效益的解决方案。

第三，市政府的数字化变革者应努力寻找从约束中解放员工的方法，目的是让他们能以自己的专业判断进行工作。在这个方面，领导者可以借助的工具包括：允许员工查看信息背景与相关详情的应用程序，通过工作说明赋予员工创新和学习新知识的权利，修改雇用方案以便纳入更多经验丰富且技术娴熟的开创型人才。数字化工具也能够帮助政府更快更准确地追踪员工的工作情况。正如本文之前章节所述，对工作人员而言，移动数据和数字技术所赋予的除了更多的自由裁量权以外，还有更加严格的问责制度。

在这个方面，我们尤其欢迎千禧一代进入公共服务领域。他们这一代对数字技术和社交媒体的熟练掌握具有转为服务公共利益的潜能。在技术、政策和治理方式交汇碰撞的时代，这些年轻人需要的就是指导和机遇。他们不喜欢忽视市民需求的政府和市民之间的隔离。在数字世界中长大的这一代人将是让公共事业赶上现代生活的最佳人选。熟悉日常数字技术和技巧的他们了解这些技术所具备的潜力，并知道适当的技术运用能够为城市生活和政府服务带来翻天覆地的变化。

千禧一代知道数字技术可以快速汇聚最好的创意，让所有人聚焦同一问题，快速给出反馈并引发讨论。他们发现这样的流程可以在资源使用更低的条件下允许所有参与者合力创造出更有创意的解决方案。地方政府的重组需要利用新一代的这种技能。要做到这一点，第一步应该是将政府运行服务器、建立电子邮件系统等传统 IT 职能剥离并尽可能地将这些职能外包，这样政府内部年轻的技术员工可以更多地关注技术在决策方面的作用。

正如《数据驱动的智能城市》本书开篇所述，与一个多世纪前的政府进步运动时期一样，我们现在正处于城市治理历史的转折点。当年，电力的出现使政府机构的生产力得到提升，电话的引入降低了数据共享的难度。今天的数据和技术也具有同样的变革性作用，但其影响的传播速度和规模已经超出了以往所有的常识。如前所述，新技术确实提高了传统流程的效率和效用，但其真正的力量远不止如此，技术的革命最终将完全颠覆一切过时之物，到那时我们才会迎来真正的数据智能型和响应型城市。

前文介绍了市政府如何给予公职人员和市民更多的自由裁量权、参与权和提升能动性。在数字技术的支持下，这些城市有希望完全改变市民对地方政府和公共事业的看法。然而，和其他任何变革一样，数字化治理也需要尊重前人的遗产并保留其中值得传承的优势，即人的领导力和判断力。毕竟，人的利益才是这场数字化变革的目标，而非应用程序和平板电脑。只有坚持“民有、民治、民享”的原则，我们才能保证公共事业的数字化改良之路获得最终的成功。

THE 品觉导读
RESPONSIVE CITY

未来工作的 7 个角色与 3 个特征

《福布斯》杂志早前发布了一份未来工作清单，涵盖了许多学科、市场和技术领域。当中提出的 21 个未来新工作有 3 个特征：人机连接、赋能人类和关怀。“人机连接”是指，在人与机器一起创造的全新世界，我们应如何处理好商业与道德之间的新交接关系；“赋能”意指，科技应该以服务人类为目标，人类在借助科技发挥长处的同时能改善工作和生活效率；“关怀”是指，人生的快乐来自情感关怀而非仅来自效率，就如客户服务中心不能完全被机器人取代，因为客户在投诉过程中往往需要另一个人的主动关怀。

从数字化的进程来看，这份清单也反映了大数据行业的更新换代。在过去 10 年里，我见证了大数据工作岗位上的演变，由数据分析师、数据建模师、数据架构师、数据科学家、首席数据官、数据产品经理到数据质量控制等职位，每年都在更改职能。在这份未来工作清单中，我特别选择了一些比较有趣的工作，让大家体会一下：

1. 数据侦探（Data Detective）：以数据为本，思考如何改变大局，从数据的“蛛丝马迹”中挖掘洞见。通过分析各种数据，提出有意义的商业建议。
2. 道德监察官（Ethical Sourcing Officer）：带领道德检察团队，

审查每份合同及产品（包括供应链）在道德层面是否规范，还要确保企业收入分配是否符合社会利益和公司的道德标准。

3. 边缘计算专家（Master of Edge Computing）：打造并维护边缘计算的技术及数据可用性，通过区分计算能力、数据量、响应速度来建立“云端与边缘”的关系，确保可扩展性。
4. 人机协作管理者（Man-machine Teaming Manager）：界定角色和责任，以及制定人机协作的规则；开发和管理人机交互系统，把需求及企业策略转换成机器智能。
5. 量子机器学习分析师（Quantum Machine Learning Analyst）：通过量子算法改进传统的机器学习方法，创造出前所未有的技术功能，解决特定企业问题。
6. 个人数据经纪人（Personal Data Broker）：监控通过各种管道产生的所有形式的客户个人数据，还可以代表客户执行数据交易，寻找最大程度提高客户回报的新方法。
7. 增强现实旅程构建者（AR Journeybuilder）：跟有才华的工程师和艺术家合作，打造 AR 背景与气氛，构建历史时间、信息、色调、角色、环境和体验，让客户享受个性化体验。

人工智能和大数据到底是剥夺了人类的美好生活，还是为人类的美好生活注入了更多创新元素？我想，命运依然掌握在人类手中，好与坏在很大程度上取决于那些拥有大量数据和计算能力的人。

引言 重新定义城市的未来

1. Stephen Goldsmith, “Progressive Government Is Obsolete,” *Wall Street Journal*, March 18, 2011.
2. Anne MarieWarren, Ainin Sulaiman, and Noor Ismawati Jaafar, “Social Media Effects on Fostering Online Civic Engagement and Building Citizen Trust and Trust in Institutions,” *Government Information Quarterly* (in press).
3. Shari Hyman, “Enforcement and Data: One New York City Agency’s Vision for a Level Playing Field,” *Data-Smart City Solutions*, August 13, 2013.

01 像管理企业一样治理城市

1. Andrew Ryan, “Mayor Menino Widely Backed, But Another Run Isn’t,” *Boston Globe*, March 27, 2013.
2. Shannon Bond, “Northeast Hit by Severe Winter Weather,” US Society, January 4, 2014.
3. Katharine Q. Seelye, “Two Decades of Change Have Boston

Sparkling," *New York Times*, January 5, 2014.

4. Michael Levenson, "The New Urban Mechanic Mayor Moves On," *Boston Globe*, March 28, 2013.
5. Donovan Slack, "City Complaint Line Lags," *Boston Globe*, April 6, 2008.
6. Donovan Slack, "Computer System Quickens City Response to Complaints," *Boston Globe*, May 27, 2009.
7. Alex Pentland, *Social Physics* (New York: Penguin Press, 2014), p. 65.

02 智慧市民：人人都能参与政府管理

1. Julie Zauzmer, "Mayor Gray Celebrates DC's Good Grades," *Washington Post*, July 9, 2013.
2. Adrien Schless-Meier, "K[no]w Vacancy: From NY to PA, Urban Land Maps Support Reclaiming Abandoned Lots," *Civil Eats*, July 26, 2013.
3. Jasper Hamill, "Could Google Maps End Poverty?" *Forbes*, January 28, 2014.

03 智慧环境：用数据建立一个城市驾驶舱

1. "Mayor Bloomberg Announces Winners of NYC Bigapps, Fourth Annual Competition to Create Apps Using City Data," press release, NYC.gov, June 20, 2013.
2. Vincent Homburg, *Understanding E-Government: Information*

Systems in Public Administration (New York: Routledge, 2008).

3. Albert O. Hirschman, *Exit, Voice, and Loyalty: Responses to Decline in Firms, Organizations, and States* (Cambridge, MA: Harvard University Press, 1970).
4. Knight Soul of the Community, "Why People Love Where They Live and Why It Matters: A National Perspective" (2010), www.soulofthecommunity.org.
5. Margreet Frieling, Siegwart Lindenberg, and Frans Stokman, "Collaborative Communities through Coproduction: Two Case Studies," *American Review of Public Administration* 44 (2014): 35–58.
6. Ray Forrest and Ade Kearns, "Social Cohesion, Social Capital and the Neighbourhood," *Urban Studies* 38 (2001): 2125–43.
7. Nicco Mele, T*he End of Big: How the Internet Makes David the New Goliath* (New York: St. Martin's Press, 2013).
8. Julie Zauzmer, "Mayor Gray Celebrates DC's Good Grades," Washington Post, July 9, 2013.
9. Alfred Tat-Kei Ho, "Reinventing Local Government and the e-Government Initiative," *Public Administration Review* 62(2002): 434–44.

04 智慧经济：将城市革新为信息共享的联动数字平台

1. John Pletz, "Tech Chief Tolva Leaving City Hall," *Crain's Chicago Business*, October 22, 2013.
2. Karen Mossberger, Caroline Tolbert, and Chris Anderson, "Measuring

Change in Internet Use and Broadband Adoption: Comparing BTOP Smart Communities and Other Chicago Neighborhoods," *Broadband Illinois*, February 7, 2013.

3. Ibid.
4. "New City Crime Database Goes Online," *Chicago Tribune*, September 14, 2011.
5. Robert Scoble and Shel Israel, *Age of Context* (Patrick Brewster Press, 2014).

05 智慧人才：以人为本的城市治理

1. David E. Bowen and Edward E. Lawler, "The Empowerment of Service Workers: What, Why, How, and When," *Sloan Management Review* 333 (1992): 31–39.
2. Alan A. Altshuler and Robert D. Behn, *Innovation in American Government: Challenges, Opportunities, and Dilemmas* (Washington, DC: Brookings Institution, 1997).
3. Michael Lipsky, *Street-Level Bureaucracy: Dilemmas of the Individual in Public Service,* 30th anniversary expanded ed. (New York: Russell Sage Foundation, 2010).
4. Ibid.
5. Sergio Fernandez and Tima Moldogaziev, "Employee Empowerment, Employee Attitudes, and Performance: Testing a Causal Model," *Public Administration Review* 73 (2013): 490–506.

07 智慧理念：打破公务员赋权的 3 个障碍

1. Michael Barbaro, "Bloomberg Focuses on Rest (as in Rest of the World)," *New York Times*, December 14, 2013.
2. Zachary Tumin, "New York's HHS-Connect: IT Crosses Boundaries in a Shared-MissionWorld," *Governing.com*, August 24, 2009.
3. Steven Greenhouse, "City to Press for Easing of Civil Service Requirements," *New York Times*, January 6, 2011.
4. Sarah Rich, "Boosting Innovation by Rethinking Government Procurement," *Government Technology*, October 28, 2013.
5. Clay Johnson, "Seven Simple Ways to Modernize Enterprise Procurement" (Atlanta, GA: Department of Better Technology, 2013), http://www. dobt.co.

结语 走向数据驱动的智能城市

1. James Manyika and others, "Big Data: The Next Frontier for Innovation, Competition, and Productivity" (McKinsey Global Institute, May 2011).
2. Mike Pence, address to Indiana Digital Government Summit, October 24, 2013.
3. Diane Cardwell, "At Newark Airport, the Lights Are On, and They're Watching You," *New York Times*, February 17, 2014.

许多人对《数据驱动的智能城市》这本书的写作提供了帮助，对此，我们表示万分感谢。彭博慈善基金会在本书编写过程中提供了支持，并为我们的“数据智能城市解决方案”项目提供了资助。我们尤其要感谢帕特里夏·哈里斯（Patricia Harris）和詹姆斯·安德森（James Anderson），还有迈克尔·布隆伯格本人，他们的业务和政府领导为本书中倡导的许多理论提供了证据。在数字化变革获得广泛关注之前，这些人一直在为实现数字化治理而奋斗。我们开展的数字化治理工作还得到了以下人士的支持：国际化运动关键领导者、麦克阿瑟基金会的阿莱纳·哈克尼斯，奈特基金会的卡罗尔·科莱塔（Carol Coletta）；史密斯·理查森基金会（Smith Richardson Foundation）的马克·施坦梅尔（Mark Steinmeyer），福特基金会的珍妮·图米（Jenny Toomey）。泛美开发银行和美国全国城市联盟也向我们提供了重要支持。

哈佛大学肯尼迪政府学院和哈佛大学法学院的许多人士对本书的出版也提供了很大帮助。我们要特别感谢哈佛大学肯尼迪政府学院艾什民主管理与创新中心的核心员工，包括卡拉·奥沙利文（Kara O'Sullivan）、凯瑟琳·希伦布兰德（Katherine Hillenbrand）、杰西卡·卡西（Jessica Casey）、马修·麦克莱伦（Matthew McClellan）、艾丽西亚·盖塞尔（Alicia Gessell）和肖恩·桑顿（Sean Thornton），他们以勤勉的方式持续为我们提供重要支持。这些人士协助我们推广通过数字化工具实现更有效的日常管理。艾什民主管理与创新中心执行董事马蒂·马泽（Marty Mauzy）以及负责管理美国政府创新奖计划的克里斯蒂娜·玛珊德（Christina Marchand）同样也发挥了重要作用。我们在哈佛大学的同事马克·摩尔（Mark Moore）开展的关键工作对我们提出的许多关于“开明公共”部门原则的理论产生了重要影响。

学生和助理研究员也向我们提供了许多帮助，并配合我们开展研究、撰写博客和完成起草工作。我们尤其感谢本杰明·格罗斯加尔（Benjamin Grohsgal）、尼达姆·赫斯特（Needham Hurst）、达纳·沃尔特斯（Dana Walters）、安德鲁·格兰茨（Andrew Glantz）和梅丽莎·纳莉（Melissa Nally）。

感谢艾莉森·汉基（Alison Hankey）以及出版本书的旧金山巴斯出版社的同事提供的指导。此外，公司战略家爱丽娜·布拉科夫斯基（Alina Gorokhovsky）在我们与合作伙伴城市生活公司（Living Cities）合作期间提供了支持，协助识别和分析了我们编写的一些案例。本书的某些内容改编自网站 Governing.com、“数据智能城市解决方案”项目、伯克曼互联网与社会研究中心、罗斯福研究所和曼哈顿学院发布的一些内容。我们与这些组织之间的合作不断塑造着我们对响应型政府的思考。

最后，感谢本书中所述的开拓型公职人员，他们为城市与政府踏入新时代开辟了道路。

为什么数据中台是创新要素

元数据是数据中台的精髓，有利于数据在生命周期中的监督、成本管理或分摊，以及追踪数据的价值。

信息和数据的收集及处理自古就有，持续了几千年之久，直到个人电脑的普及才开始出现了大的改变：首先是数据化的领军企业，包括谷歌、亚马逊、Facebook、百度、阿里巴巴以及腾讯等带动了一波数据量级的增长，其次是移动应用程序和人工智能引起的智能热潮，上述公司的高速发展都跟这些能力相关。再次是物联网的介入，让我们每天在不知不觉之间生产着数据，甚至消费着数据。如今，全民几乎都参与进了大数据的生命周期之中。

然而，与几年前相比，因为需求的细分、终端的发达变得越来越零散，大数据的结构组成变得很不一样。同时，数据安全的管理也改变了共享数据的形式及难度，汇聚数据的成本正在不断提高。由于数据的核心价值来自共享流通，因此成本效应成为企业和政府机构数据化的绊脚石。曾经有一段时间，阿里巴巴集团也因几百 PB 级别的云存储成本而担心影响企业收益。

数据中台建设刻不容缓

中台就像厨房，不可能为每一道菜从头切菜、腌肉。很多中间的工序其实可以预先或统一准备好，菜式可以有创意，但类似的半成品可以标准化。试想一下，如果每个阿里巴巴集团的 App 都有自己不同的流量收集和统计方法，是不是既浪费资料又难管理呢？事实上，阿里巴巴集团曾经确实有三个不同的流量数据统计工具，后来迫不得已才统一起来。

近年来，我在国内做市政府和一些互联网企业的咨询专家及顾问，它们都涉及如何建立横向数据治理系统的问题。我发现，治理工作越早开展，成本越可控，否则就像有些企业高管开玩笑式的自嘲一样："这不是如同开着飞机换引擎般困难吗？"

当初在阿里巴巴集团工作时，在企业飞速的发展过程中，我们发现数据使用面临着如下挑战：各部门低水平重复开发数据集，浪费大量的存储和计算资源；数据资源缺乏沉淀机制，导致计算能力难以提升，进化低效；数据割裂，算法分离，带来混乱和质量的不确定性；业务变更时，数据及数据产品反应不及时；组织架构制约了数据的共建和共享；缺乏数据的规范及配套激励机制。

2016 年，阿里巴巴集团内部总结发现，数据的"存 - 管 - 用"过程中伴随着如下一些现象：数字业务变化速度非常快，数据处理技术和方法都很类似，数据和算法中间层能量的积累都能产生巨大效能。因此，做好数据管理工作成为当时我在阿里巴巴集团的主要任务，也随之诞生了阿里巴巴数据中台和数据委员会。

无独有偶，企业内一些数据管理问题，在各地市政府机构内部也重复发生。在缺乏顶层设计的情况下，如果数字化步伐都追随各个职能部门的发展，数据体系也基于业务单元垂直积累，就会形成烟囱式体系。烟囱式数据体系的优点是，紧贴场景，反应敏捷；缺点是数据分散、欠规范，难以共用关联成为合力，大数据的价值优势被削弱。此外，烟囱式数据体系还会造成混乱的数据调用和拷贝，以及系统功能建设和维护带来的重复投资，不仅造成人力、财力、资源的浪费，更重要的是时间和数据质量的参差不齐。在目前高速发展的互联网市场大环境下，商机是稍纵即逝的，数据中台的建设刻不容缓。

在认同大数据是未来创新核心的前提下，需要把数据战略的先进性、前瞻性放到优先考虑的位置上。否则大数据的能力会随着粗放式运营而变得停滞不前，有名无实。数据越乱，建立大数据的能力门槛越高，从信息化到数据化的时间节点都会影响管理难度。管理层必须理解，从信息化到数据化再到应用，必须有强大的技术支持、灵活的政策保障以及开放的生态支撑，方可马到功成。

简单来看，数据中台有点像一条生产线，从原始数据收集，到提炼成稳定的生产流程。在这一制作过程中，需要有一套生产管理流程体系，用以保证数据品质、时效性、一致性等关键点。但与生产线的差别在于，数据中台不仅需要关注数据生产过程中的效率问题，还应该具备以下 4 种能力：一、如何收集数据被消费之后的反馈闭环；二、解决多源异构的数据组合的效率；三、具备业务发生变化时的快速自适应力；四、保障数据服务的稳定性。

连接和共享是数据中台的核心

在阿里巴巴集团内部有一个说法，关联不起来的数据就不叫大数据。试想一下，如果要让淘宝的推荐系统猜到你喜欢的商品，不能同时（甚至实时）关联你在天猫看过或者买过的商品，预测结果肯定会大打折扣。由此可以看出，你的购物及浏览清单关联得越多，就越有利于淘宝推荐你心仪的商品。

连接能力是一个数据智能平台的基础。连接能力指的是将不同来源的数据连接、匹配、融合的能力，让用户可以连接到云端和本地化的结构化以及非结构化的数据，包含支持不同类型的数据存储平台。这个概念不强调对数据的拥有，而是强调能够触及和返回数据的广度、丰富程度。

共享能力是评估一个智能数据平台是否合格的首要标准。共享不代表完全透明，而是构建一个合理的、权限分明的、能够保护数据的同时让知识的价值得以流转的机制。为了保护数据而不让算法或者从数据中得到的洞察知识流转，无疑是不合理的。因此，智能数据平台存在的意义就是共享，同时保障不应该共享的部分。

数据治理是数据中台的起点

曾经在为不少企业做顾问时，我认为这句话最能让大家明白数据管理的重要性：管理数据的企业在生产和加工过程中，可以节省 70% 的工作量。当中的道理很简单，治理的目的就是为了优化数据的生产过程。

数据中台围绕数据生命周期的各阶段（产生、存储、增强、使用、传输、共用共创、更新、销毁等）而建立，服务的对象可以是信息技术研发者、数据科学专家、产品管理者、分析师、决策管理者等。使用者会因应需要而加工数据，情况有点儿像石油冶炼。

数据生产过程中还有一种极其重要的数据——元数据，又叫数据中的数据。对元数据管理得当，可以让数据在生产过程变得更精准、稳定以及可被追溯。管理元数据必须记录生产过程中的各项数据因素，包括生命周期、调度情况、品质保障、安全监控、数据字典、数据血缘关系等。元数据是数据中台的精髓，有利于数据在生命周期中的监督、成本管理，或分摊和追踪数据的价值。

因此，数据中台所需的第五种能力是，建立一个协作平台，让整个数据的生产到服务更加规范有序、可追溯，又能化繁为简地将前面所提到 4 种能力有机地汇聚起来。这并不是一件技术性工作，大部分依赖于人的管理。

数据服务赋能快速创新

数据可以作预处理，帮助企业增加效能。算法当然也可以模块化，以作组合使用。不需要每个创新业务都重做轮子，我们希望创新业务的参与人员可以更聚焦在业务工作上。

一切数据都是应业务目标驱动而形成，产生于业务且又服务于业务的。通过松耦合的数据服务带来业务的复用。例如淘宝和天猫都有各自的买家评价服务，但在防止刷屏的时候，会使用相同的数据模型鉴别虚假评价。所以，尽管业务场景不一样，但很多基础数据模型和算法都可以被重复使用。

经过清晰的沉淀，算法可以通过重新编排、组合，成为服务接口响应业务的基本需求。由于具备快速编排、组合数据服务的能力，企业可以以较小的成本投入来构建一个创新型的前端业务。这是传统模式构建的系统中所未有的、容许快速试错更适合如今互联网的轻量化运营模式。

组织架构与配套激励机制

有一位市长在跟我分享构建智能城市的经验时说，如果不能想象一个被承袭了百年的组织架构会一下子适应新的智能时代，新时代必将带来种种冲击。好处未到之前，我们还得循循善诱。

任何完善的体系建设依靠的不仅是技术工具，缺乏完善的组织结构及激励机制也不可能令中台顺畅运行。多年来的经验证明，技术架构和治理组织的建立同样重要，而近年来很多企业和政府也纷纷设立了独立的数据治理委员会。数据中台的核心理念是“以通促用，以用带存”，这里的“通”不仅关乎数据的联通，也关乎人为组织结构的联通，而且是横（功能部门之间）、纵（数据生命周期的各个环节之间）都要通。

与此同时，数据中台的管理需要制定并形成有效的规范，由数据管理小组从实例中自下而上地提炼出大纲，并有固定团队负责推进、订立工作机制（互惠互利及激励方式）、优先资源配置等。

数据中台之所以成为攻坚大数据能力的重要途径，一是因为数据中台确实解决了烟囱式数据各自为政的问题；二是更有利于推动轻盈的前台业务创新，同时能把应用中的数据回流，形成更丰富的中台资源。数据中台作为推动数据化营运的利器，同时也能成为运营数据的中心，两者结合为闭环。

根据多年的经验，我可以大胆地说，数据中台的建立刻不容缓：因为在大数据时代，业务与数据之间有很强的联系，但数据的内容和结构更新速度非常快；数据算法上的技术虽然很类似，但各师各法；数据质量人人都说重要，但必须明确由谁对之负责。

数据及其服务能力的汇聚与集中管控协同，很大程度上会促进企业一体化运营的能力。互联网大数据时代的中台特点是：一方面，数据中台具备海量多源异构数据的整合能力；另一方面，数据中台能促进创新且变化多端的业务前端的服务能力。

数据中台的建设和在各行业中的普及，如今还是摸着石头过河的状态，任何中台都是在不断互动回馈的过程中成长的，而非一次性搭建成功。但可以肯定的是，这是个“一把手”工程必须秉持着打破传统管理的决心，做好长期斗争的准备。

未来，属于终身学习者

我这辈子遇到的聪明人（来自各行各业的聪明人）没有不每天阅读的——没有，一个都没有。巴菲特读书之多，我读书之多，可能会让你感到吃惊。孩子们都笑话我。他们觉得我是一本长了两条腿的书。

——查理·芒格

互联网改变了信息连接的方式；指数型技术在迅速颠覆着现有的商业世界；人工智能已经开始抢占人类的工作岗位……

未来，到底需要什么样的人才？

改变命运唯一的策略是你要变成终身学习者。未来世界将不再需要单一的技能型人才，而是需要具备完善的知识结构、极强逻辑思考力和高感知力的复合型人才。优秀的人往往通过阅读建立足够强大的抽象思维能力，获得异于众人的思考和整合能力。未来，将属于终身学习者！而阅读必定和终身学习形影不离。

很多人读书，追求的是干货，寻求的是立刻行之有效的解决方案。其实这是一种留在舒适区的阅读方法。在这个充满不确定性的年代，答案不会简单地出现在书里，因为生活根本就没有标准确切的答案，你也不能期望过去的经验能解决未来的问题。

湛庐阅读APP：与最聪明的人共同进化

有人常常把成本支出的焦点放在书价上，把读完一本书当作阅读的终结。其实不然。

时间是读者付出的最大阅读成本
怎么读是读者面临的最大阅读障碍
“读书破万卷”不仅仅在“万”，更重要的是在“破”！

现在，我们构建了全新的“湛庐阅读”APP。它将成为你“破万卷”的新居所。在这里：

- 不用考虑读什么，你可以便捷找到纸书、有声书和各种声音产品；
- 你可以学会怎么读，你将发现集泛读、通读、精读于一体的阅读解决方案；
- 你会与作者、译者、专家、推荐人和阅读教练相遇，他们是优质思想的发源地；
- 你会与优秀的读者和终身学习者为伍，他们对阅读和学习有着持久的热情和源源不绝的内驱力。

从单一到复合，从知道到精通，从理解到创造，湛庐希望建立一个“与最聪明的人共同进化”的社区，成为人类先进思想交汇的聚集地，与你共同迎接未来。

与此同时，我们希望能够重新定义你的学习场景，让你随时随地收获有内容、有价值的思想，通过阅读实现终身学习。这是我们的使命和价值。

湛庐阅读APP玩转指南

湛庐阅读APP结构图：

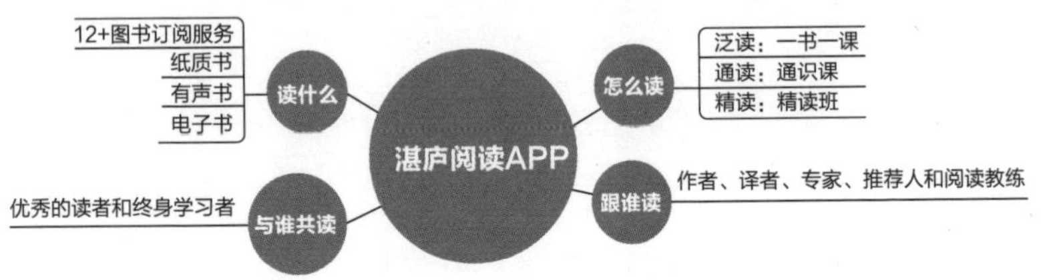

三步玩转湛庐阅读APP：

读一读

湛庐纸书一站买，
全年好书打包订

听一听

泛读、通读、精读，
选取适合你的阅读方式

扫一扫

买书、听书、讲书、
拆书服务，一键获取

APP获取方式：

安卓用户前往各大应用市场、苹果用户前往APP Store
直接下载"湛庐阅读"APP，与最聪明的人共同进化！

使用APP扫一扫功能，遇见书里书外更大的世界！

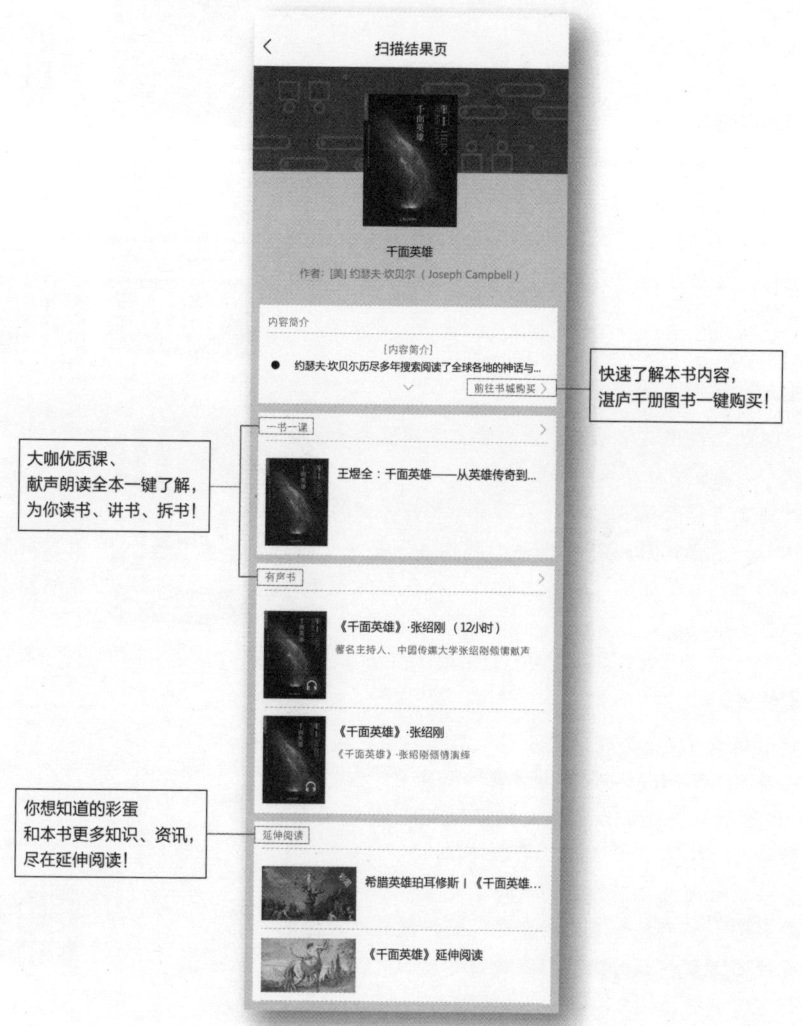

湛庐CHEERS

延伸阅读

《人工智能时代》

◎ 人工智能时代领军人杰瑞·卡普兰重磅新作。

◎ 拥抱人工智能时代必读之作，引爆人机共生新生态。

◎ 创新工场 CEO 李开复专文作序推荐！

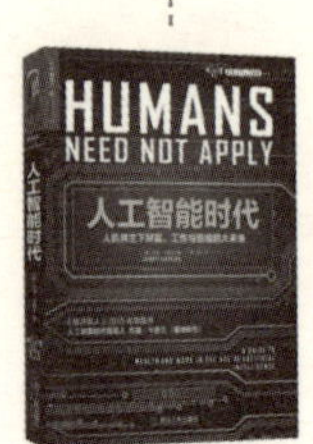

《数据的本质》

◎ 阿里巴巴集团前副总裁、红杉资本中国基金专家合伙人车品觉重磅新作。

◎ 本书系统性地描绘了数字经济引擎的 4 种形态以及企业搭建数字经济引擎的 8 条建议，决策者和变革者必读。

《决战大数据》（升级版）

◎ 阿里巴巴集团前副总裁、红杉资本中国基金专家合伙人车品觉首部个人专著全新修订！

◎ 一部全方位展现智能时代数据思维构建之道的实战巨作！风靡互联网界两年后，新增 8 万字纯干货，物联网、智慧城市、全域大数据、人工智能等热点悉数囊括。

《智慧社会》

◎ 作者阿莱克斯·彭特兰是全球大数据权威、可穿戴设备之父、MIT 人类动力学实验室主任。2011 年，《福布斯》评选他为全球大数据权威，《新闻周刊》称他是"改变 20 世纪的 100 位美国人"之一。

◎ 本书通过大量翔实的案例阐释了大数据如何助力社群经济、如何掘金互联网金融、如何掀起个人健康医疗的革命、如何变革可穿戴设备、如何驱动更具创意的组织。

The Responsive City: engaging communities through data-smart governance by Stephen Goldsmith and Susan Crawford

ISBN: 978-1-118-91090-0

图书在版编目（CIP）数据

浙 江 省 版 权 局
著作权合同登记章
图字:11–2016–184 号

数据驱动的智能城市 /（美）史蒂芬·戈德史密斯，苏珊·克劳福德著；车品觉译 .— 杭州：浙江人民出版社，2019.1

书名原文：The Responsive City: Engaging Communities Through Data-Smart Governance

ISBN 978–7–213–09141–4

Ⅰ.①数… Ⅱ.①史… ②苏… ③车… Ⅲ.①数字技术–应用–城市管理 Ⅳ.① F293–39

中国版本图书馆 CIP 数据核字（2018）第 302161 号

上架指导：商业趋势 / 城市治理

数据驱动的智能城市

[美] 史蒂芬·戈德史密斯　苏珊·克劳福德　著
车品觉　译

出版发行：浙江人民出版社（杭州体育场路 347 号　邮编　310006）
市场部电话：（0571）85061682　85176516
集团网址：浙江出版联合集团　http://www.zjcb.com
责任编辑：胡佳佳
责任校对：杨　帆
印　　刷：北京富达印务有限公司
开　　本：880mm ×1230mm　1/32　　印　　张：9.5
字　　数：186 千字
版　　次：2019 年 1 月第 1 版　　印　　次：2019 年 1 月第 1 次印刷
书　　号：ISBN 978–7–213–09141–4
定　　价：69.90 元